단순한 전략이 이긴다

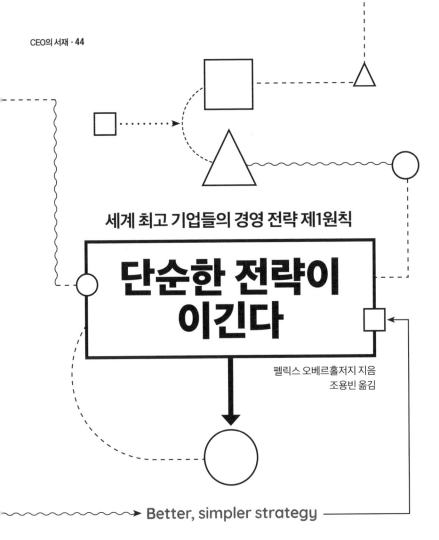

세계 최고 기업들의 경영 전략 제1원칙

단순한 전략이 이긴다

펠릭스 오베르홀저지 지음
조용빈 옮김

Better, simpler strategy

센시오

모든 기업이 기억해야 할
경영 전략의 종착점

전략은 단순하다.

이 첫 문장이 독자들에게 어떻게 다가갈지 모르기에, 솔직히 조심스러운 심정이다. 기존의 비즈니스 전략은 복잡하고 이론적이었다. 하지만 강력한 성과를 만들어내는 비즈니스 전략은 단순하고 직관적이다. 믿기 어려울지도 모르겠지만, 과장이 섞이지 않은 사실 그대로다. 나는 기업 경영을 개선하기 위한 학문을 연구하는 사람이고, 이 분야에서는 신중한 추론이 매우 중요하다. 이 분야의 연구자들은 대부분의 문장을 '아마도'로 시작하지만, 이들이 제시하는 숫자는 95% 신뢰 구간을 갖는다. 따라서 '전략은 단순하다'는 말은 충분한 이론적 바탕에서 비롯된 경영 전략의 종착점이다.

물론 강력한 전략이 얼마나 단순한지 이해하는 것은 쉽지 않다. 나는 훌륭한 은사들의 지도를 받고 인내심 있는 동료들과 함께하며 많은 시간을 투자하고 나서야 이 원리를 이해했다. 내가 배운 통찰력을 공유하는 것은 아마도 더 어려운 일일 것이다. 다행히도 내게는 풍부한 현장 경험이 있다. 20여 년 동안 하버드 비즈니스 스쿨에서 가르쳤으니 말이다.

거의 매주 수강생들에게 전략에 대한 질문을 던지고 전 세계 경영진 및 MBA 학생들과 함께 비즈니스 전략을 연구하는 게 내 일이었다. 그들과 대화하면서 배운 것은 전략의 단순함을 발견하면 해방감을 느낀다는 점이다. 마치 마법처럼, 어려운 비즈니스 용어와 들어맞지 않는 프레임워크를 초월한 무언가를 보게 된다. 어떻게 최고의 기업들이 탁월한 성과를 만들어내는지, 그리고 왜 다른 많은 기업은 그들이 가진 잠재력을 발휘하지 못하는지 불현듯 이해하게 된다. 이러한 이론적 명확함에서 오는 자유를 독자들과 나누고 싶다.

이 책은 어떤 기업이 어떻게 거대한 성과를 만들어냈는지를 다룬 책이지만 그렇다고 성공 사례 모음집은 아니다. 이 책을 쓴 목적은 전략적 경영이 기업 운영에 어떤 역할을 하는지, 전략적 비즈니스를 어떻게 구상하고 실천할 것인지에 대한 강력하면서도 단순한 방법을 독자들에게 제공하는 것이다.

간단히 정리하자면 최고의 전략은 가치 창출에 기반을 둔 전략이다. 가치 기반 전략의 원리는 매우 단순하다. 지속적으로 성과를 내는 기업은 고객뿐만 아니라 직원 또는 공급업체에 상당한 가치를 창조한다는 것에 바탕을 둔다. 지불의사 가격(WTP, Willingness-To-Pay)을 높이고 판매의사 가격(WTS, Willingness-To-Sell)을 낮춰서 고객, 직원, 공급업체 등 기업의 이해관계자를 위해 가치를 창출하는 것이 내가 말하는 가치 기반 전략의 전부다. 이는 내가 가치 막대기(value stick)라고 부르는 그림에 잘 표현되어 있다. 이 막대기의 상단을 WTP라고 하고 하단을 WTS라고 할 때, WTP와 WTS의 차이가 바로 기업이 창조하는 가치다. 연구에 의하면 뛰어난 경영 성과를 내기 위해서는 기업이 창조하는 가치가 커야 한다. 이러한 가치를 창조하는 방법은 두 가지밖에 없다. WTP를 올리거나 WTS를 내리는 것이다. 이 간단하고 쉬운 원리를 바탕에 두고 비즈니스 전략을 세우면 지속적인 최고의 성과를 낼 수 있다.

나는 이를 설명하기 위해 애플, 아마존, 베스트바이, 알리바바, 인텔 등 대기업의 성과를 분석하고 그들의 성과에서 어떤 전략을 배우고 어떻게 기업 운영에 적용할 수 있는지 제시한다. 고객 가치를 창출하기 위해 WTP를 높여줄 방안을 제안하고, 직원과 공급업체를 위한 가치 창출에는 기업과의 신뢰와 존중이 필요함을 보여준다. 그리고 가치 막대기를 통해 결정된 전략을 실행하는 방법도 검토한다.

대부분의 책에는 표지에 적힌 지은이보다 더 많은 저자가 있다. 이 책도 예외는 아니다. 우선 가치기반 경쟁 이론의 학문적 기초를 개발한 애덤 브랜든버거Adam Brandenburger와 하본 스튜어트Harborne W. Stuart에게 큰 감사를 드린다.

아무리 뛰어난 저자라도 초안을 인내심 있게 읽고 통찰을 너그러이 공유해 주는 가까운 친구 없이는 진전을 이루기 어려운 법이다. 내가 핵심 프레임워크에 내재된 주요 아이디어를 포착하고 내 목소리를 찾는 데 도움을 준 많은 동료들에게 깊은 감사의 뜻을 전한다. 내 강좌를 통해 MBA 학생들 및 여러 임원들과 나눈 수백 번의 대화 없이는 이 책을 출간하지 못했을 것이다. 특히 제너럴 매니지먼트 프로그램 참가자들에게 감사드린다. 이분들은 전략과 탁월한 비즈니스 성과에 대해 더 간단하고 효과적으로 생각하는 법을 가르쳐 주었다.

자, 여러분은 준비가 되었는가? 생각할 준비, 꿈꿀 준비가 되었는가?

그럼, 시작해 보자.

우리 사이에는 어떤 차이가 있단 말인가?

내 영혼을 따라다니지만

당신에게 가까이 다가가기를 두려워하는 불안한 꿈 말고는 없다.

- 칼릴 지브란

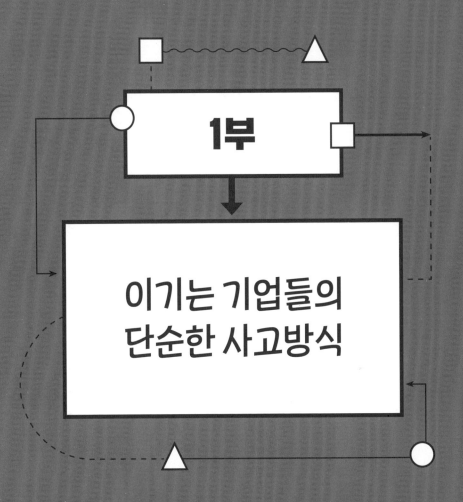

1부

이기는 기업들의
단순한 사고방식

Better, simpler strategy

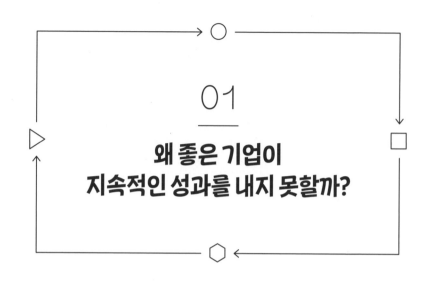

01

왜 좋은 기업이
지속적인 성과를 내지 못할까?

지난 수십 년간 전략은 점점 더 정교해졌다. 어느 정도 규모가 되는 조직이라면 소비자 성향을 추적하고 형성하는 데 필요한 마케팅 전략, 시너지 효과를 극대화하기 위한 경영 전략, 각국의 비즈니스 기회를 포착하기 위한 글로벌 전략, 경쟁에서 앞서 나가기 위한 혁신 전략, 혁신 성과를 보호하기 위한 지적 재산권 전략, 인터넷을 최대한 활용하기 위한 디지털 전략, 온라인 커뮤니티와 소통하기 위한 SNS 전략, 뛰어난 인재를 모집하기 위한 인재개발 전략 등을 가지고 있을 것이다. 그리고 뛰어난 직원들은 이 각각의 분야에서 다양한 추진 전략을 개발하느라 여념이 없을 것이다.

물론 현재 어려운 상황을 고려할 때 기업이 각 분야에서 노력하는 것은 당연하다. 급격한 기술 변화, 글로벌 경쟁, 기후변화로 인한 공급망 와해, 그리고 전 세계적인 보건 위기, 급격하게 변하는 소비자 취향 등이 동시에 작용한 결과 전통적인 사업 행태는 완전히 뒤집혔다. 세계 경제가 점차 하나로 통합됨에 따라 기업에는 글로벌 전략이 반드시 필요해졌다. 기술이 발전하면서 소비자 취향과 만족 방식이 변했고, 따라서 혁신 전략과 마케팅 전략을 다시 수립해야 한다. 또한 직원 구성이 다양하지 못하면 각종 비용이 발생하며, 불공정하다는 비난을 받는다. 더 이상 이를 무시할 수 없게 된 기업들은 좀 더 다양한 배경을 가진 인재풀을 조직하고 이들의 경력을 관리해야 한다고 느낀다. 또한 새로운 변화에 대응하기 위하여 우리는 그 어느 때보다 많은 것을 조직에 요구했으며 직원들에 대한 기대감도 높아졌고 완전한 기적을 이루기 위한 복합적인 전략이 필요했다. 직원에 대한 기대감이 높아졌다는 증거는 곳곳에서 발견되어 뛰어난 제품과 믿을 수 없을 정도의 고객 경험, 그리고 '일생일대의 최저가deals of a lifetime' 같은 판촉행사에서 나타난다. 하지만 이는 장시간 근무와 달성 불가능한 목표, 그리고 팍팍한 삶으로도 나타난다.

조사와 사례 연구를 위해 기업을 방문할 때마다 나는 한정된 자원으로 그렇게 단기간에 많은 것을 이룬 기업을 보고 놀라곤 한다. 하지만 나를 더욱 놀라게 한 것은 정교한 전략과 직원들의 집중도를 감안할 때 대부분 기업의 수익성이 매우 견고하고 모든 직원에게 넉넉한 보수를 줄 것이라고 기대했지만 전혀 그렇지 않았다는 점이다. 수익성의 경우, S&P 500대 기업의 4분의 1은 장기 수익이 자본 조달 비용에도 미치지 못한다. 중국은 이 비율이 더욱 높아져 3분의 1에 가까운 기업이 이런 현상을 보인다. 이유가 무엇일까? 열심히 하려는 뛰어난 직원들이 넘치는 그 많은 기업이 그렇게 노력을 하고서도 어떻게 그렇게 수익이 좋지 않을 수 있을까? 똑같이 정교한 전략에 따라 열심히 일하는데 왜 일부 기업만 뛰어난 수익성을 보여줄까? 역사상 직원들 교육 수준이 이렇게 높고 이토록 재능이 뛰어난 CEO가 기업을 경영했던 적이 없었다. 그런데 왜 그렇게 지속적인 성과를 내기 힘들까?

당신이 이런 문제를 한 번이라도 고민해 본 적이 있다면 이 책이야말로 당신을 위한 책이다. 기업이 기대에 미치지 못하는 성과를 내면 우리는 혹시 무언가 중요한 요소가 빠졌는지 의심한다. 인재개발 전략이 시원치 않았나? 공급망이 좀 더 안정적이면 좋았을 텐데. 혁신안이 더 많았으면 얼마나 좋았을까? 그래서 우리는 인재개발 전략을 개발하고 비즈니스 유연성에 투자하며 혁신 사이클을 더 빨리 가동시킨다. 하지만 이렇게 전략이 늘어나면 예기치 못한 현상이 나타난다. 한마디로 나무에만 집중하다 보니 숲을 보지 못하는 것이다. 모든 분야에서 여러 가지 활동이 넘치지만 기둥으로 삼을 만한 지침은 보이지 않는다. 아이디어가 성공하려면 우선 추진해 볼 만한 가치가 있다고 느껴야 한다. 결국 상식이 지배하면서 전략은 사업을 이끌어 나갈 능력을 잃게 된다.

기업의 전략 수립은 관료주의적 연례행사가 되어버려 중요한 문제 해결에 큰 도움이 되지 못한다. 사실은 아무런 전략이 없는 기업도 심심치 않게 발견할 수 있다. 대부분 기업의 전략은 80쪽짜리 거창한 파워포인트 자료로 구성되어 있지만 데이터만 잔뜩 나열되어 있고, 통찰력은 부족하며, 고려사항은 많지만 실제 의사결정에는 별로 도움이 되지 않는다.[1] 여러 기업의 전략 계획서를 검토해 보면 온통 일관성 없는 프레임워크로 가득 차 있지만 실제 효과적인 경영을 위한 지침은 찾아보기 힘들다. 뛰어난 전략의 특징은 해서는 안 될 것, 고려 대상에서 제외할 것, 발전 단계에서 무시할 것 등을 제대로 알려주는 것인데 오늘날의 전략에는 그런 것들이 보이지 않는다.[2]

이 책에서 나는 전략 경영이 과거에 효과를 보았던 '기본으로 돌아가기back-to-basics' 단계로 가야 한다고 주장한다. 전략은 단순화할수록 보다 강력한 힘을 갖는다. 그렇게 해야만 수익을 낼 수밖에 없는, 중요하면서도 이해하기 쉬운 프레임워크를 통해 오늘날 조직에서 발생하는 여러 활동을 평가하고 통합할 수 있는 공통적인 수단을 얻을 수 있다. 나는 하버드 경영대학원에서 수많은 기업 경영자를 가르치면서 단순한 전략의 효과를 몸소 체험했다. 이 사람들은 기존에 유행하던 전략 프레임워크를 잘 알고 있으며 이들이 운영하는 기업은 전략 수립 프로세스를 어렵게 도입하여 투자 결정에 영향을 주면서 경영층의 관심을 끌어왔다. 하지만 소위 이들 전문가들조차 구체적으로 어떤 프레임워크가 자신의 기업 전략과 매칭되는지 알아내는 걸 힘들어했다. 기껏해야 사업 제안을 놓고 찬반 토론을 벌일 때 그럴듯한 주장을 내놓을 뿐, 무엇을 선택하고 어느 곳에 집중해야 하는지에 대한 지침은 거의 제시하지 못했다. 그 결과 갖가지 계획과 활동이 난무했다. 언제 거부해야 할지 모르니 뛰어난 직원들이 짜낸 모든 아이디어가 좋아 보이게 마련이다. 그렇게 모든 아이디어가 좋아 보이면 오늘날 우리가 보듯이 기업 활동이 과잉으로 흐르고 만다.[3]

나는 강의와 기업 컨설팅을 하면서 전략에 대한 접근 방법을 더욱 정교하게 다듬었다. 내 경험에 의하면 이 책에서 다루는 가치기반 전략value-based strategy이야말로 복잡한 환경을 극복하고 전략을 평가하는 데 가장 적합하다. 이런 프레임워크는 당신의 디지털 전략이 세계시장을 석권하려는 글로벌 전략과 잘 어울리는지(또는 어울리지 않는지), 마케팅 전략이 전 세계의 우수 인재를 영입하려는 인재개발 전략과 일치하는지(또는 일치하지 않는지)를 판별할 강력한 도구를 제공한다. 또한 이 가치기반 전략은 어느 분야에 집중하고 어떻게 기업의 경쟁 우위를 심화시켜야 하는지 의사결정을 내리는 데 도움을 줄 수 있다.

가치기반 전략의 기본 가정은 매우 단순하다. 즉 지속적으로 성과를 내는 기업은 고객뿐만 아니라 직원 또는 공급업체에 상당한 가치를 창조한다는 것이다. 이는 내가 가치 막대기value stick라고 부르는 단순한 그림에 잘 표현되어 있다.(그림 1-1)

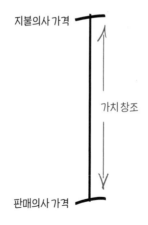

그림1-1. 기업이 가치를 창조하는 방식

이 막대기 상단을 지불의사 가격Willingness-To-Pay, WTP이라고 하는데 이는 고객의 관점을 나타낸다. 좀 더 구체적으로 말하면 이 가격은 어떤 제품이나 서비스에 대해 고객이 지불하고자 하는 최대 가격을 말한다. 예를 들어 제품 만족도가 높아지면 WTP도 올라가는 구조다.

맨 하단은 판매의사 가격Willingness-To-Sell, WTS이라고 하는데 직원이나 공급업체의 관점을 나타낸다. 직원에게 WTS는 취업할 수 있는 최저 임금을 의미한다. 만일 그 일자리의 매력도가 올라가면 WTS는 내려간다. 반대로 그 일이 매우 위험하다면 WTS는 올라가고 직원은 더 높은 임금을 요구할 것이다.[4] 공급업체의 경우 WTS는 부품이나 서비스를 공급할 수 있는 가장 낮은 가격을 의미한다. 공급업체들이 부품을 생산하고 운송하는 데 용이한 환경이 조성되면 이들의 WTS는 내려간다.

그림에서 막대기의 길이로 표현되는 WTP와 WTS의 차이가 바로 기업이 창조하는 가치다. 연구에 의하면 뛰어난 경영 성과를 내기 위해서는(즉 수익이 자본 조달 비용보다 많으려면) 기업이 창조하는 가치가 커야 한다.[5] 그런데 부가적인 가치를 창조하는 방법은 두 가지밖에 없다. WTP를 올리거나 WTS를 내리는 것이다.[6] 개념으로 본 전략은 단순하며, 더 단순할수록 좋은 결과를 도출한다고 확신한다.

베스트바이의 위기 탈출 전략

이런 접근 방식의 효과를 가장 잘 보여주는 사례가 바로 미국 최대의 소비자 가전제품 유통업체인 베스트바이Best Buy다. 2012년 이 회사는 새로운 CEO를 물색 중이었다. 당신이 CEO라는 중책을 맡았다고 해보자. 거의 달성 불가능한 임무라고 느꼈을 것이다. 당시 대부분의 사람들은 이제 베스트바이는 끝났다고 생각했다. 아마존은 다양한 제품군과 합리적인 가격을 내세워 소비자에게 폭넓은 선택지를 제공하며 베스트바이를 앞서 나갔다. 그와 동시에 월마트 및 기타 소매 유통업체들도 인기 있는 가전제품을 대량으로 판매하면서 시장점유율을 확대해 나갔다. 상황을 더 악화시킨 것은 소비자들이 매장을 방문하여 구매할 제품을 살펴본 뒤 실제 구매는 온라인 플랫폼에서 하는 소위 '쇼룸showroom'현상이 새로운 소비 트렌드로 자리 잡기 시작했다는 점이다. 이러한 평지풍파를 겪었으니 베스트바이의 실적이 좋을 리가 없었다. 2012년 이 회사는 17억 달러의 분기 손실을 기록했다. 장기간에 걸쳐 감소 추세를 보이기는 했지만 십 몇 퍼센트를 유지하던 투하자본수익률Return On Invested Capital, ROIC은 마이너스 16.7%로 돌아섰다.[7] 당시 상황을 투자회사 샌포드 번스틴Sanford C. Bernstein의 애널리스트 콜린 맥그라나핸Colin McGranahan은 "그건 마치 베스트바이가 달랑 칼 한 자루로 총 든 괴한과 격투를 벌이는 것과 같았습니다."라고 표현했으며 〈비즈니스 인사이더Business Insider〉는 '베스트바이는 망할 수밖에 없다Best Buy Should Be Dead'라는 제목의 글을 실었다.

결국 기업 전략 컨설턴트이자 호텔 및 관광 업체인 칼슨Carlson에서 CEO를 역임했던 허버트 졸리Hubert Joly가 중책을 떠맡았다. 상황이 엄중하다는 걸 잘 알고 있던 졸리와 새로운 경영진은 리뉴 블루Renew Blue라고 이름 붙인 혁신 계획을 발표했다. 그 계획의 핵심 내용은 WTP를 키우고 고객의 가격 인식을 개선하여 더 많은 소비자를 창출하자는 것이었다. 회사는 천여 개가 넘는 베스트바이 매장이 경쟁 우위 확보를 어렵게 만드는 부담스러운 존재라고 생각하는 대신 자산이라고 간주하면서 매장의 역할을 재정의했다. 그때부터 베스트바이 매장은 판매 접점(기존 역할), 매장 내 매장stores-within-a-store으로서 입점 업체의 전시장, 제품 픽업 장소, 그리고 미니 창고라는 네 가지 기능을 수행했다.

베스트바이는 2007년부터 애플이 베스트바이 매장 내에서 자체 쇼룸을 운영하도록 허용했다. 졸리는 이 프로그램을 확대하여 2013년에는 삼성 익스피리언스 숍과 윈도우즈 스토어, 그리고 1년 후에는 소니 익스피리언스 숍을 추가했다. 심지어 아마존조차 결국 베스트바이 매장 내에 키오스크를 열 수밖에 없었다.

매장 내 매장 개념은 회사에 새로운 수익 창출 기회와 고객 경험의 향상을 제공했다. 당시 최고 재무 책임자였던 샤론 맥콜램Sharon McColam은 "입점 업체들이 우리 매장에 투자한 금액은 정말 엄청나서 실제 수억 달러에 달합니다."라고 설명했다.[8] 또한 이들 업체는 그들의 쇼룸에서 일하는 베스트바이 직원들 급여를 보조하기도 했다. 더 중요한 것은, 베스트바이 직원들은 입점 업체 로고가 달린 셔츠를 입고 특정 브랜드에 중점을 둔 컨설턴트의 지원을 받아 고객들에게 더 상세한 판매 지식을 제공할 수 있게 되었다는 점이다. 매장 내 매장 프로그램은 베스트바이뿐만 아니라 회사 입점 업체에도 이익이 되었다. 이 프로그램을 운영하는 것이 단독 매장을 운영하는 것보다 더 경제적인 방식으로 고객에게 다가갈 수 있고 입점 업체는 내방 고객 증가로 더 큰 이익을 얻을 수 있었다. 그 결과 베스트바이는 업체 운영비용을 낮추었고 결과적으로 WTS도 낮추었다.[9]

베스트바이 매장을 미니 창고로 사용하는 것도 마찬가지로 효과를 보았다. 베스트바이는 고객이 주문한 제품을 수령하는 속도가 WTP의 중요한 요소라는 것을 잘 알고 있었다. 즉각적인 고객 만족을 이길 수 있는 것은 어디에도 없었다. 기존에는 대형 물류센터에서 제품이 배송되었다. 그런데 이 물류센터는 주말에는 문을 닫았고, 수십 년 된 재고 관리 프로그램 때문에 재고 부족이 발생하는 일이 잦았으며, 배송 속도도 매우 느렸다.[10] 하지만 리뉴 블루 계획에 따라 가장 빠른 배송을 제공하는 위치(기본적으로 물류센터지만 때로는 인근 매장)에서 제품을 배송하는 것으로 바뀌었다. 2013년까지 베스트바이에서는 400개 매장에서 제품을 배송했으며, 1년 후에는 그 수가 1,400개로 늘어나 처음으로 아마존 배송 시간을 앞지를 수 있었다.[11] 또한 고객들은 온라인으로 주문하고 베스트바이 매장에서 제품을 직접 받는 방식을 좋아했다. 불과 몇 년 지나지 않아 베스트바이 온라인 주문의 40%는 매장에서 배송되거나 매장에서 직접 수령하는 방식으로 바뀌었다.[12]

또한 베스트바이는 회사의 온라인상 영향력을 재평가했다. 기존의 전통 소매업체와 마찬가지로 이 회사 경영진도 인터넷을 기존 비즈니스 방식을 대체하는 위협으로 인식하고 있었다. 비록 온라인 판매 채널을 구축하기는 했지만 세태에 밀려 어쩔 수 없이 한 선택이었다. 홈페이지 베스트바이닷컴 BestBuy.com에는 제품 설명이 빈약하고 고객 리뷰도 거의 없었다. 또한 검색 기능이 미흡했으며 회사의 로열티 프로그램과 통합도 이루어지지 않았다. 고객들은 이 사이트가 이미 품절된 제품을 홍보하는 경우가 많다고 불평하기도 했다. 하지만 졸리가 부임하고부터 이 모든 것이 바뀌었다. 이제는 인터넷을 대체재가 아닌 보완재로 간주했으며 오프라인 매장의 가치를 높이는 투자로 인식하게 되었다. 대부분의 고객 여정은 온라인에서 시작되지만 많은 소비자들은 구매하기 전에 제품을 직접 만져보고 느끼기를 원한다. 베스트바이는 처음으로 온라인과 오프라인 가격을 일치함으로써 매장 방문 고객을 결제 고객으로 전환하는 데 성공했다. 온라인에서 거래를 완료한 고객조차도 매장에 가치를 더했다. 즉 오프라인 매장에서 제품을 픽업하면서 제품이나 서비스 플랜을 추가로 구매하는 경우가 많았다. 베스트바이의 온라인 영향력이 오프라인 매장 활동에 도움이 된다는 사실을 깨달은 회사는 베스트바이닷컴에 대한 투자를 가속화했다. 불과 몇 년 만에 이 사이트는 주요 전자 상거래 사이트와 경쟁하게 되었고 온라인 매출은 급성장했다. 2019년에는 전체 매출의 5분의 1을 온라인에서 창출했다.

리뉴 블루는 베스트바이에 새로운 활로를 제공했다. 졸리와 경영진이 어떻게 고객 WTP를 높이고 공급업체 및 직원의 WTS를 낮추는 데 성공했는지 살펴보자.(그림 1-2)

2016년 졸리가 리뉴 블루의 계획 달성을 발표했을 때 베스트바이의 ROIC는 마이너스에서 플러스 22.7%로 상승했고 EBT_Earnings Before Tax_(margin, 세전 이익)은 두 배로 증가했으며 주가는 불과 6년 만에 4배나 올랐다.*

베스트바이의 실적 호전은 가치기반 전략의 주요 핵심 원칙을 잘 보여준다.

---

* 이 기간 동안 전체 시장 규모는 두 배로 성장했다. 베스트바이는 리뉴 블루 계획이 완료된 후에도 경쟁업체를 능가하는 성과를 계속 거두었다. 2016년부터 2020년 초까지 주가는 S&P 500 기업 평균 주가보다 두 배 이상 빠르게 상승했다.

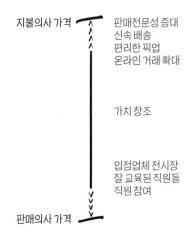

지불의사 가격

판매전문성 증대
신속 배송
편리한 픽업
온라인 거래 확대

가치 창조

입점업체 전시장
잘 교육된 직원들
직원 참여

판매의사 가격

그림 1-2. 리뉴 블루 프로그램의 가치 창조

- **가치 창출 역량이 탁월한 기업은 전적으로 WTP와 WTS에 집중한다.** 모든 중요한 비즈니스 계획은 고객 경험을 향상시켜 소비자의 WTP를 높이거나 공급업체와 직원이 이 회사와 일하는 것이 이익이라는 생각을 갖도록, 즉 WTS를 낮추도록 설계된다. 이런 기준을 충족하지 못하는 비즈니스 계획은 폐기되었다. 예를 들어 베스트바이는 아마존과 유사한 마켓플레이스—3자 공급업체third-party vendor가 자체 제품을 판매할 수 있는 거래소—가 가치를 창출하지 못한다는 이유로 이를 없앴다.

- **동종업체를 능가하는 기업은 다른 기업이 모방하기 어려운 방식으로 WTP를 높이거나 WTS를 낮춘다.** 베스트바이의 가장 두드러진 자산은 광범위한 매장 네트워크다. 오프라인 환경에서 제공되는 숙련되고 공정한 서비스는 경쟁업체가 따라오기 어렵다. 아마존도 이

런 물리적 존재감은 부족하다. 월마트는 하이터치 서비스(고객과 직접 상호작용하는 서비스 방식-옮긴이)가 크게 활성화되지 않았으며 애플은 자사 제품에 대해 공정한 조언을 제공하지 못한다.

- **단순성은 창의성과 폭넓은 참여를 위한 가능성을 열어준다.** 졸리는 리뉴 블루 전략을 가장 간단한 용어로 이렇게 설명한다. "우리의 임무는 기술 제품과 서비스의 최종 목적지이자 권위자가 되는 것입니다. 고객이 기술 제품을 발견하고, 선택하고, 구매하고, 자금을 조달하고, 활성화하고, 즐기고, 궁극적으로 제품을 교체할 수 있도록 지원하는 것이 우리의 사명입니다. 또한 공급업체 및 파트너사에 온라인 및 오프라인 매장에서 최고의 쇼룸 제품을 제공함으로써 그들의 제품 마케팅을 돕겠습니다."[13]

이렇게 하는 데 박사 학위는 필요하지 않다. 여기서 중요한 것은 단지 고객의 WTP와 공급업체 및 직원의 WTS라는 것을 쉽게 알 수 있을 것이다. 베스트바이의 실적 호전을 관찰해 보면 회사가 얼마나 빨리 움직여 나열하기 어려울 정도로 많은 계획을 수립하고 실행에 옮겼는지 놀라울 따름이다. 전략 실행 속도가 빠르다면 전략의 단순성이 매우 중요하다. WTP를 높이고 WTS를 낮추는 방법에 대한 아이디어를 가진 모든 임원과 매장 관리자, 말단 직원은 회사를 올바른 방향으로 이끄는 데 이바지한다고 확신할 수 있다.

- **가장 성공한 기업 중 다수는 해당 산업 부문의 평균 성과가 아닌 산업 내 경쟁적 위치를 유지하는 데 초점을 맞추고 있다.** 졸리는 이렇게 설명한다. "(과거에) 이 회사가 내는 메시지는 전부 우리 업계가 직면한 어려운 상황에 관한 것이었습니다. (지금은) 그런 이야기를

01 | 왜 좋은 기업이 지속적인 성과를 내지 못할까?

하지 않습니다. 전체 환경보다 지금 우리가 하는 일이 더 중요하다고
생각합니다."

탁월한 가치를 창출하는 기업에서 이러한 사고가 널리 퍼진 세 가지
이유가 있다. 첫 번째는 대부분의 산업에서 기업 간 수익성 차이가
산업 간 수익성 차이보다 크기 때문이다.[14] 다시 말해 사업하기 어려
운 분야라고 하더라도 최고의 기회는 거의 항상 현재 속한 산업에 있
다는 말이다. 산업 자체의 매력보다는 산업 내 경쟁적 위치에 초점을
맞춰야 하는 두 번째 이유는 긍정적인 산업 펀더멘털fundamental은 기
업이 매력적인 산업에 진입하기 위해 지불해야 하는 멀티플(특정 운
영 지표와 관련하여 기업의 내재 가치를 반영하는 비율-옮긴이)에 이
미 반영되어 있기 때문이다. 세 번째는 어려움을 겪고 있는 산업에
속한 기업의 경우 환경 탓만 하다 보면 사기가 저하되고 생산성 저하
로 이어질 가능성이 높기 때문이다. 졸리는 이렇게 말했다. "이는 선
순환 구조입니다. 일단 성공을 거두기 시작하면 사람들은 더 짜릿함
을 맛보며 자신감을 갖습니다."

베스트바이의 내부 데이터에 따르면 2013년까지 직원 참여의식이
2006년 이후 최고를 기록했다고 한다.[15]

물론 베스트바이의 미래에 대해서는 많은 의문이 남아 있다.

• **베스트바이는 운이 좋았던 것이 아닐까? 운이 좋았던 것은 확실하
다.** 나는 운이 좋은 조직이 뛰어난 성과를 내지 못하는 경우를 본 적
이 없다. 분명 새로운 세대의 아이폰과 비디오 게임 콘솔과 같은 제

품의 인기가 베스트바이의 실적 호전에 큰 역할을 했을 것이다. 또한 서킷 시티, 라디오섁, H.H.그랙 및 기타 작은 전자제품 소매업체들이 폐점한 후 경쟁이 줄어든 것도 도움이 되었을 것이다. 그러나 단지 운이 좋다고 해서 월등하게 뛰어난 장기적 가치 창출이 보장되는 것은 아니다. 최고의 기업은 상황이 어떻게 변하든 그것을 기반으로 성장한다. 가치기반 전략에서 중요한 것은 당신이 받은 카드가 아니다. 문제는 이를 어떻게 이용하느냐다.

베스트바이는 장기적으로 성공할 수 있을까? 성과가 뛰어난 조직은 일반적으로 오래 못 간다. 내가 조사한 바에 따르면 뛰어난 가치를 창출했던 기업들도 평균적으로 10년이면 경쟁우위의 절반을 잃는 경우가 많았다. 베스트바이가 속해 있는 전자제품 시장에서는 아마존(소비자 전자제품)과 로우즈Lowe's(가전제품) 같은 주택수리용품 소매업체home improvement company가 계속해서 시장점유율을 높여가고 있다. 2018년에는 아마존이 처음으로 베스트바이를 근소한 차이로 제치고 미국 최대 가전제품 소매업체가 되었다. 비용의 80%가 매출원가인 전자제품 업계에서는 상대적인 시장점유율이 중요하다. 시장점유율이 높은 기업일수록 공급업체와의 협상에서 유리한 위치를 점할 수 있기 때문이다. 졸리는 이렇게 말했다. "시장을 석권하기 위해서는 우리가 선두에 서야 합니다."[16] 이러한 시장 상황은 극복하기 어렵지만 그는 특유의 낙관적인 태도를 보인다.

"우리는 소비자 가전제품 소비액의 26%를 점유하고 있습니다. 이는 상당히 부끄러운 수치입니다. 전체 시장의 3분의 1을 차지하더라도 여전히 부끄럽겠지만 회사는 엄청나게 성장할 것입니다."[17] 가치기

성공한 기업들을 통해 보는 가치창출 전략

다음 장에서는 베스트바이의 핵심 전략에 내재한 주요 아이디어—탁
월한 가치 창출이 안정적인 수익을 낳는다—를 바탕으로 다양한 산업
및 비즈니스 상황에 놓인 기업들이 실제로 이 접근 방식을 어떻게 응
용했는지 살펴볼 예정이다. 이 책은 가치 막대기를 따라가는 여정이라
고 생각하면 된다.(그림 1-3)

1부('이기는 기업들의 단순한 사고방식')에서는 어떤 기업이 다른 기
업보다 훨씬 더 성공적인 이유를 묻는다. 예를 들어 주택수리용품 소매
업체인 로우즈와 홈디포Home Depot 는 본질적으로 동일한 업체다. 그런데
어떻게 홈디포가 다른 회사보다 훨씬 더 수익성이 좋을까? 그 해답은
기업이 고객, 직원, 공급업체를 위해 가치를 창출하는 방식과 관련 있
는 것으로 밝혀졌다. 이는 분명 놀랍지만 사실이다. 최고의 성과를 내
는 기업은 무엇보다도 자기 자신만을 생각하지 않는다는 것이다. 그들
은 다른 사람들을 위해 더 나은 가치를 창출할 수 있는 더 좋은 방법을
고민한다. 이익이 아니라 가치를 생각하면 이익은 따라온다.

약자를 응원하는 편인가? 그렇다면 2부('고객을 위한 가치란 무엇인
가')에서 아마존이 당시 가전제품 시장을 지배하고 있던 소니와의 치
열한 경쟁에서 어떻게 우위를 점했는지에 대한 이야기를 좋아할 것이

그림 1-3. 가치 창조의 주요 요소

다. 소니는 최고의 전자책 리더 기술, 소비자 가전 분야의 뛰어난 브랜드, 작은 나라의 GDP 규모에 달하는 마케팅 예산 등 모든 것을 갖추고 있었다. 그러면 아마존은 어느 분야에서 뛰어났을까? 이들은 고객을 위한 가치를 더 중요하게 생각했다. 연구 초기에 나는 소니 같은 판매 중심의 조직과 아마존처럼 WTP에 중점을 둔 기업의 성과가 비슷할 거라고 생각했다. 하지만 이 예상은 틀린 것으로 밝혀졌다. 즉 WTP에 초점을 맞추는 기업이 장기적으로 상당한 경쟁 우위를 점하고 있는 것으로 나타났다.

WTP를 높이기 위한 접근 방식은 명백하다. 제품 품질을 높이고, 브랜드 이미지를 개선하고, 혁신을 실천하는 것 등이다. 하지만 종종 간과되는 전략도 매우 강력한 효과를 발휘할 수 있다. 예를 들어 일부 기업이 보완업체의 힘을 활용하는 방법, 즉 다른 제품 및 서비스로 WTP

가 높아지는 현상도 매우 흥미롭다. 프린터와 토너, 자동차와 휘발유를 생각해 보면 된다.

미슐랭과 알리바바 그룹은 보완 산업을 잘 활용하여 새로운 산업으로 빠르게 진입하고 있다. 애플은 가격 하락으로 인한 타격을 완화하기 위해 보완 산업을 방어적으로 활용한다. 하킨스 극장Harkins Theater은 영화관 좌석을 채우기 위해 재빠르게 보완재를 제공한다. 제품과 서비스만으로 경쟁하는 경우 보완하는 요소를 알아차리지 못한다면 이미 비즈니스에 문제가 생겼을 가능성이 높다.

문제라는 말이 나와서 말인데, 혹시 우버Uber, 그랩Grab, 디디DiDi와 같은 차량 공유 회사가 수익성 확보에 엄청난 어려움을 겪고 있다는 사실을 알고 놀랐는가? 처음에는 투자자들이 이 회사들을 좋아했다가 나중에는 냉담해졌다는 사실에 충격을 받았는가? 이러한 투자 심리 변화는 네트워크 효과network effect에 대한 우리의 생각을 반영한다. 네트워크 효과는 더 많은 승객이 더 많은 운전자를 끌어들이고, 이는 다시 더 많은 승객을 끌어들이는 긍정적인 피드백 루프를 만들어낸다. 오늘날 여러 선도적인 기술 기업들이 네트워크 효과에 의존하여 WTP를 높이고 있다. 극단적으로는 네트워크 효과가 너무 많은 고객 가치를 창출하면 시장이 기울어져 단 하나의 기업만 남게 될 수도 있다. 승차 공유 시장에서 알 수 있듯이 승자만이 시장을 독식하는 경우는 드물다. 네트워크 효과의 혜택을 받는다는 사실을 아는 것보다 더 중요한 것은 네트워크 효과의 힘을 측정하는 능력이다. 네트워크 효과를 강화하는 힘은 무엇일까? 그리고 그 효과는 언제 사라질까?

2부에서 소개하는 기업들은 매우 다양하다. 화장품부터 제약까지,

상장 기업부터 가족 소유 기업까지, 전 세계적 기업부터 지방의 신생 기업까지 다양하다. 하지만 이들은 모두 WTP를 높이고 더 큰 고객 가치를 창출하기 위해 매력적인 제품, 보완재, 네트워크 효과라는 동일한 세 가지 수단에 의존하고 있다.

3부('직원과 공급업체를 위한 가치를 생각하라')에서는 가치 막대기의 맨 아래쪽으로 시선을 돌릴 것이다. 그곳에서 우리는 직원과 공급업체의 WTS를 낮춤으로써 경쟁 우위를 확보하는 기업들을 만난다. 인재를 확보하기 위한 경쟁에서 기업들은 더 많은 보상을 제공하거나 근무 환경을 더 매력적으로 만드는 두 가지 접근 방식을 추구하여 효과를 극대화하려 한다. 이 두 가지 전략은—둘 다 직원 참여도와 만족도를 높인다는 점에서—언뜻 비슷해 보이지만 결과는 크게 다르다. 급여 인상은 회사에서 직원으로 가치가 이동하는 것으로, 가치 창출은 없고 재분배만 이루어진다.

반대로 매력적인 근무 환경은 더 많은 가치를 창출한다. 나는 뛰어난 기업들이 직원들을 위해 가치를 창출하는 새로운 방법을 찾고, 그 가치를 직원들과 공유하는 방법을 보면 놀라움을 금치 못한다. 선도적인 기업들은 WTS를 줄이는 데 매우 능숙하기 때문에 타 회사 대비 20% 이상의 이점을 인건비에서 누리는 것을 어렵지 않게 볼 수 있다. 조직이 더 풍족한 보상만으로 우수 직원을 확보하기 위해 경쟁한다면, 물론 유능하고 참여도가 높은 인재를 유치할 수는 있을 것이다. 하지만 직원들을 위한 가치 창출을 통한 생산성 증대라는 엄청난 기회를 놓치게 될 것이다.

WTS를 낮추는 전략은 공급업체와 관계를 개선하는 데도 도움이 된

다. 코로나가 확산되고 기후변화로 인한 글로벌 공급망 와해가 빈번해
지기 전부터도 전문가들은 공급업체와 맺는 긴밀하고 유연한 협업의
가치를 알고 있었다. 공급업체가 회사와 협력하는 데 드는 비용을 절감
할 수 있는 방법을 찾아내면 회사가 창출한 가치 일부를 수익화할 수
있다. 그러나 이론적으로는 간단한 일이 실제로는 어려운 경우가 많다.
여러 기업과 공급업체의 관계가 제대로 잠재력을 발휘하지 못하는 이
유는 가치를 창출하는 방법을 몰라서가 아니라 성공적인 협업의 이점
을 상대 기업이 대부분 가져갈까 우려하기 때문이다.

　기업들이 이러한 긴장을 어떻게 극복하는지 관찰하면 많은 것을 배
울 수 있다. 타타 그룹Tata Group이 엄격한 비용 제약이 있는 상황에서도
어떻게 보쉬Bosch가 획기적인 혁신을 추구하도록 풀어주었는지를 살펴
볼 것이다. 나이키로부터는 공급업체의 물량 중독을 깨는 방법을 배울
것이며, 델Dell 컴퓨터는 내부 지원과 자금이 거의 없는 프로젝트를 추
진하기 위해 공급업체의 역량을 활용하는 방법을 알려줄 것이다.

　경영진과 대화해 보면 자신들의 제품과 서비스가 상품화
commoditization(특정 제품이나 서비스가 차별화 없이 일반화되어 버린 상태-
옮긴이)되어 고객의 WTP를 높일 방법이 없다고 설명하는 관리자들이
꽤 있다. (그런 말을 들으면 나는 보통 그렇게 생각하지 않는다고 대답한
다. '상품화'가 논란의 여지가 없는 업계의 현실을 반영하는 것인지, 아니
면 기업의 상상력 부족을 반영하는 것인지 알 수 없기 때문이다.) 그러나
WTP를 높일 수 있는 기회가 정말 드물더라도 대부분의 기업은 직원
과 공급업체를 위해 더 많은 가치를 창출함으로써 뛰어난 성과를 달성
할 수 있는 풍부한 가능성을 가지고 있다.

업계의 하위 10% 기업과 상위 10% 기업 간의 생산성 격차가 얼마나 크다고 생각하는가? 그 격차는 상당하다. 미국에서는 선두 기업의 생산성이 최하위 기업의 생산성보다 두 배나 높다. 신흥 시장에서는 최고 성과를 내는 기업이 최하위 기업의 효율성보다 5배나 높았다. 투입물이 동일하나 아웃풋이 5배나 많은 회사를 한번 상상해 보라! 기업이 생산성을 높일 때마다 비용과 WTS는 즉시, 그리고 동시에 떨어진다. 이 장에서는 생산성을 높이는 세 가지 메커니즘, 즉 규모의 경제, 학습 효과, 그리고 관리의 질에 대해 살펴본다.

2008년 금융위기 이후 일부 금융기관이 망하는 걸 보고 사람들은 더 이상 '대마불사의 신화'는 없다고 생각했다. 그러나 JP모건 체이스 규모는 두 배로 커졌고 그 원인 중 하나는 바로 규모의 경제economies of scale다. 전략가들의 교과서에 단골로 등장하는 이론인 규모의 경제는 여전히 비용과 WTS를 낮추는 데 영향력 있는 수단이며, 누적 생산량에 따라 비용이 감소한다는 학습 효과 이론 역시 마찬가지다. 사실, 머신러닝과 고급 분석 기법의 시대로 들어오면서 학습은 더욱 중요해졌다. 예를 들어 이상 감지 알고리즘은 생산라인을 타기 전에 결함이 있는 부품을 걸러내기 때문에 상당한 비용 절감 효과를 가져올 수 있다. 가파른 학습 곡선은 상당한 효율성 향상을 약속하기는 하지만 학습의 전략적 효과는 때로 놀라운 결과를 초래하기도 한다. 더 나은 작업 방식을 가장 먼저 발견하는 것이 어떤 가치를 가지고 있는지 생각해 보자. 모두가 빛의 속도로 학습한다면 일찍 배운다는 것은 큰 의미가 없다. 경쟁자들이 금방 따라잡을 것이다. 역설적이게도 학습의 전략적 효과는 학습이 너무 빠르지도 느리지도 않은 중간 속도로 비용을 절감할 때 가장 큰 가치를 발휘한다.

규모와 학습은 생산성 향상 전략에 항상 올라와 있는 실천 항목이다. 반면에 기본적인 관리 도구의 중요성에 대한 연구는 비교적 최근에 와서야 이루어졌다. 1점부터 10점까지의 척도로 회사가 얼마나 잘 관리되고 있는지 묻는 질문에 관리자 대부분은 자신의 조직을 7점 정도로 평가한다. 하지만 놀랍게도 이러한 평가는 회사가 생산성을 높이는 데 도움이 되는 최신 관리 기법을 도입해야 하는지에 대해서는 아무런 조언도 주지 못한다. 이건 차세대의 거창한 아이디어를 말하는 것이 아니다. 많은 산업과 국가에서 기업들이 목표 설정, 성과 추적, 수시 피드백과 같은 기본적인 도구조차 도입하지 않고 있다. 당신의 팀이나 회사의 생산성을 크게 높일 수 있는 방법을 찾고 있다면 이러한 관리 기법이 가장 유망한 기회 중 하나일 가능성이 높다.

앞에서 살펴본 바와 같이 탁월한 성과로 이어지는 전략이란 고객을 위한 가치(WTP 상승), 직원 및 공급업체를 위한 가치(WTS 감소), 생산성 향상(비용 및 WTS 감소)이라는 세 가지 아이디어를 기반으로 한다. 이러한 인사이트를 바탕으로 5부('실행하지 않으면 성공은 없다')에서는 기업이 전략을 구상하고 이를 어떻게 실행에 옮기는지 살펴볼 것이다. 뛰어난 전략가들이 일하는 모습을 관찰하는 것은 놀라운 경험이다. 그들은 세 가지 중요한 선택을 한다.

첫째, 그들은 많은 선택지 중 경쟁에서 앞서기 위해 가치를 높일 수 있는 요소에 투자한다. 이런 요소들은 WTP와 WTS를 구성하는 기본 요소이며 고객에게 중요한 제품 및 서비스의 속성이다. 예를 들어 소비자는 호텔을 선택할 때 일반적으로 호텔 브랜드뿐만 아니라 호텔 위치,

객실 크기, 직원, 친절도 같은 가치 관련 요소를 고려한다. 유능한 전략가들은 소수의 가치 요소만 홍보하고 다른 여러 요소에는 자본을 투입하지 않는다. 지메일의 수석 개발자인 폴 부흐하이트Paul Buchheit는 이런 생각을 어떻게 표현했을까? "제품이 탁월하면 다른 부분까지는 굳이 탁월하지 않아도 됩니다."[18]

둘째, 뛰어난 전략가들은 각각의 핵심 가치 제고 요소가 WTP 또는 WTS에 미치는 영향을 잘 알고 있다. 예를 들어 이들은 규모가 만병통치약이 아니라는 것을 알고 있다.(S&P 500에 속한 기업들 간의 규모나 시장점유율을 비교한다고 해도 그들의 수익성에 대해서는 아무것도 파악하지 못한다.) 그러나 동시에 전략가들은 네트워크 효과나 규모의 경제가 존재한다면 규모가 모든 것을 결정할 수 있다는 것도 잘 알고 있다. 이들은 각각의 경우에 가치 요소가 어떻게 WTP를 높이거나 낮추는지 잘 알고 있다.

셋째, 성공적인 기업은 스마트한 시각 자료smart visuals를 사용하여 조직 전체에 전략을 전파한다. 이런 시각적 도구 중 하나인 가치 지도value map을 이용하여 가치에 대한 아이디어가 조직의 성과를 높이는 특정 핵심성과지표(KPI) 및 프로젝트와 어떻게 연결되는지 설명하겠다.

전략은 가치 창출이라는 단 하나의 목적을 달성하기 위해 존재하기 때문에 개념적으로는 단순하며, 이를 잘 수행하는 기업이 결국 업계를 선도하게 마련이다. 뒤에서 우리는 타미 힐피거Tommy Hilfiger가 장애인을 위해 이를 어떻게 구현했는지 살펴볼 예정이다. 당신은 고객, 함께 일하는 동료, 협업하는 파트너를 위해 긍정적인 변화를 만들어내는 데 전념할 때의 만족감을 상상할 수 있을까? 가치나 이익만을 추구한다면 그건 잘못된 선택이다. 가치를 창조하면 탁월한 재무성과는 따라오게 되어 있다. 다시 한번 강조하지만 가치를 생각하면 이익은 따라온다.

이러한 깨달음은 단순히 기업의 성과에만 한정되어 영향을 미치는 것은 아니다. 세상을 등지고 홀로 살지 않는 한, 요즘 기업들의 평판이 아주 좋지는 않다는 것을 다 알고 있을 것이다. 최근 한 설문조사에서는 응답자의 약 4분의 1만이 자신이 속한 조직이 '당장의 이익이나 혜택보다 항상 정의로운 선택을 할 것'이라고 답했다.[19] 인구의 50%는 "현재 존재하는 자본주의는 세상에 득보다 해가 더 많다"고 생각한다.[20] 심지어 기업의 리더들도 이런 생각에 동의하는 것처럼 보인다. 미국의 주요 기업으로 구성된 비즈니스 라운드테이블은 2019년에 주주 자본주의를 부정하며 주주뿐만 아니라 고객, 직원, 공급업체 등 모든 이해관계자에게 가치를 제공하는 것이 기업의 책임이라고 주장했다. 하지만 잠깐만, 이건 (성공한) 기업들이 항상 해왔던 일 아닌가? 그렇다면 기업 리더와 기업은 어떻게 변해야 할까?

가치기반 전략이야말로 우리가 나아갈 길을 찾는 데 매우 적합하다. 기업이 발전하려면 가치를 핵심 추진 사항으로 삼아야 한다. 고객, 직원, 공급업체를 위해 더 많은 가치를 창출하기 위해 충분한 창의력과 상상력을 발휘하면 아무리 골치 아픈 문제라도 해결의 실마리를 찾을 수 있다. 가치 창출에 관한 한 주주 가치 중심 자본주의와 이해관계자 가치 중심 자본주의 간에는 차이가 있을 수 없다. WTP를 높이고 WTS를 낮추어 더 큰 가치를 창조하는 회사는 우량한 회사라고 할 수 있다. 그러나 가치를 먼저 생각하면 우리가 창출한 부를 공유하는 방식에서도 많은 유연성을 발휘할 수 있다. 기업은 다양한 이해관계를 균형 있게 조정할 수 있으며 기업이 단지 주주에게 얽매여 있을 이유도 없다. 우리가 가치를 가장 효과적으로 분배하는 방법을 논의할 때 가치기반 사고는 유용한 지침이 될 수 있다. 뒷장에 계속되는 여러 아이디어를 바탕으로 풍부한 상상력과 가장 고결한 직감으로 이런 대화에 참여했으면 하는 것이 나의 바람이다.

02
평균적인 기업도
선두 기업을 따라잡을 수 있다

이런 식으로 이야기를 전개하는 것이 안 좋은 방식이라는 것을 알지만 좋은 소식을 미리 알려주고 싶은 욕망을 억누를 수가 없다. 나는 대부분의 기업이 더 많은 가치를 창출하고 경영 성과를 크게 개선할 수 있는 잠재력을 가지고 있다고 매우 낙관적으로 생각한다. 그리고 이것은 단순한 희망사항이 아니다. 내가 가진 낙관론은 면밀한 데이터 분석에 근거한다. 어느 한 산업 분야를 보더라도 그 부문에서 가장 우수한 기업이 다른 기업보다 훨씬 뛰어난 성과를 내는 것을 볼 수 있다. 평균적인 기업이라도 조금만 발전하면 가치 창출과 수익이 급증한다.

하지만 다시 한번 생각해 보자. 이 장에서 우리는 여러 형태의 장기 적인 재무성과를 다룬다. 단 하나의 지표로 재무성과의 모든 측면을 알 수는 없지만 단 한 가지만 선택해야 한다면 나는 ROIC를 선택하겠다. ROIC는 사업을 운영해서 얻은 이익(영업이익)과 그 이익을 창출하는 데 사용된 자본(자기자본 및 부채)을 비교하는 방식이다. 즉 ROIC는 기 업이 투자자의 자금을 얼마나 효과적으로 이익화했는지 알려준다.[1]

그림 2-1은 2009년부터 2018년까지 S&P 500 기업의 ROIC 분포 를 보여준다.[2]

이런 유형의 데이터를 처음 접했을 때 나는 기업 간 성과에 큰 차 이가 있다는 사실을 알고 매우 놀랐다. 이 기업들은 마이크로소프트, 보잉, CBS, 페덱스, X(구 트위터)처럼 모두 잘 알려진 대형 기업이다. 하지만 평균 기업(ROIC 13.1%)이 최고 성과를 내는 기업인 오토존 (ROIC 41.9%), 콜게이트-팜올리브(37.6%), 애플(32%)과 비슷한 수

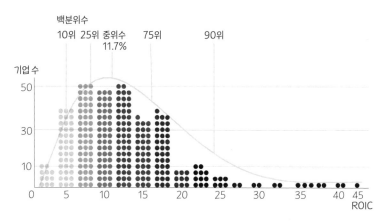

그림 2-1. S&P 500 기업의 2009~2018년 ROIC

진정한 가치 창출을 확인하려면 그림 2-1의 수익률을 기업의 자본비용과 비교해야 한다.* 안정적인 현금 흐름을 가진 대기업의 경우 12% ROIC는 상당히 매력적으로 보일 수 있지만 똑같은 12%라도 위험한 스타트업에 투자를 결정하기에는 불충분할 수도 있다. ROIC와 자본비용의 차이를 살펴보면 우리 생각은 변하지 않는다. 즉 최고의 성과를 거둔 기업, 마스터카드(ROIC가 자본비용을 23.5% 초과), TJX 컴퍼니스(23.2%), 얌!브랜즈(19.5%)와 같은 기업을 보면 다른 대부분의 기업도 재무적으로 더 큰 성공을 거둘 수 있다는 것을 알 수 있다.[3]

물론 이런 식의 비교가 너무 낙관적이라고 생각하는 것은 당신만이 아니다. 과연 평균적인 기업이 선두 기업을 따라잡을 수 있을까? 실적이 저조한 기업에 과연 평균 이상으로 성장할 수 있는 잠재력이 있을까? 때로는 경영진이 어쩔 수 없는 외부 상황과 요인 때문에 수익률이 저조한 경우도 있다. 또는 기업이 속한 산업 내 경쟁이 매우 치열할 수도 있으며 소비자들이 가난하고 물가가 낮은 나라에서 사업을 하고 있을 수도 있다. 하지만 외부 조건이 잠재력을 제한한다고 단정 짓기에는 너무 이르다. 더 가난한 국가에서도 미국에서 본 것처럼 기업마다 엄청난 성과 편차를 보인다(그림 2-2).[4] 인도는 미국보다 덜 부유하지만 인도에는 뛰어난 재무성과를 내는 기업이 많다. 중국 시장은 경쟁이 치열하지만 수익률이 자본비용을 초과하는 기업이 많다. 내가 연구한 나라의 데이터를 보면 매우 어려운 비즈니스 환경에서도 탁월한 수익을 올

---

* 자본비용이란 투자자가 기업에 투자할 때 기대하는 수익률을 말한다. 이 기대 수익률을 초과하는 기업은 투자자에게 진정한 가치를 창출한다.

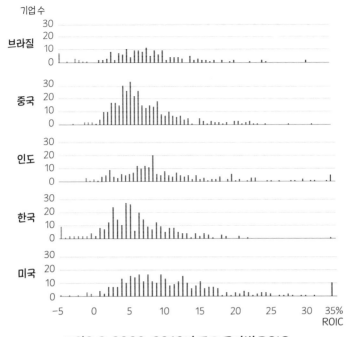

그림2-2. 2009~2018년 주요 국가별 ROIC

리는 기업이 있다는 것을 알 수 있다.

회사 실적이 기대에 미치지 못하는 기업의 경영진을 만나면 대화 주
제가 어느새 업계의 역학관계로 바뀌는 경우가 많다. 그들은 디지털 기
술로 인해 업계가 혼란을 겪고 있고, 외국업체와 치열한 경쟁에 직면
해 있으며, 인재를 채용하고 유지하기가 얼마나 어려운지에 대해 설명
한다. 그들의 말이 틀린 것은 아니다. 수익성은 실제로 업종마다 크게
다를 수 있다. 어떤 산업은 평균수익률이 높은 반면, 어떤 산업은 그렇
지 않은 경우도 있다. 경쟁이 치열한 미국의 보험 산업을 예로 들어보
자.(그림 2-3)[5] 이 업종의 평균수익률은 0에 가깝고(1.2%), 중간에 위

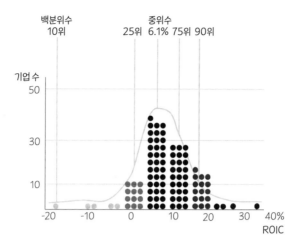

그림 2-3. 미국 보험업계의 ROIC(2009~2018년)

치한 기업은 자본투자수익율도 보장하지 못하는 상황이다.**

그러나 보험처럼 어려운 산업에서도 기업의 재무성과는 극명한 차이를 보인다. 무슨 수를 동원하든 잘하는 기업은 있게 마련이고, 심지어 20%가 넘는 놀라운 수익률을 보이기도 한다.

보험 산업만 그런 것이 아니다. 업계마다 선두 기업은 상당한 차이로 후발 기업을 앞서고 있다. 베스트바이의 허버트 졸리가 산업 간 수익성 차이보다 업계 내 수익성 차이에 더 많은 관심을 기울인 것을 기억하는가? 졸리의 분석에는 그럴 만한 이유가 있었다. 그림 2-4는 산업 내 및 산업 간 ROIC의 차이를 보여준다.[6] 일반적으로 동일 산업 내에서 선두 기업과 후발 기업 간의 차이가 산업 간 차이보다 훨씬 크다.

** 조사대상 기간 중 중간 위치 보험회사의 자본비용은 7%에서 11% 범위 내에서 움직였다.

　그림 2-4는 수익률 편차가 큰 산업(보건 및 소프트웨어)부터 낮은 산업(은행 및 유틸리티)순으로 정렬되어 있다. 졸리의 통찰력을 더 잘 이해하기 위해 그림 2-4의 재무 데이터를 사용하여 사고 실험thought experiment(가설 상황을 설정하여 이론적 문제를 해결하거나 아이디어를 테스트하는 방법-옮긴이)을 해보자. 우선 100개 회사가 존재하는 평균적인 산업 내에서 가장 수익성이 높은 기업(1위)부터 가장 수익성이 낮은 기업(100위)까지 순위를 매겨보자. 이 산업 내에서 당신 회사가 현재 75위에 랭크되어 있는데 25위로 뛰어올랐다면 ROIC는 10.8% 증가한다. 이제 다시 100개 산업을 수익성이 가장 높은 순서부터 가장 낮은 순서로 순위를 매겨보자. 당신 회사가 75위에서 25위에 진입해

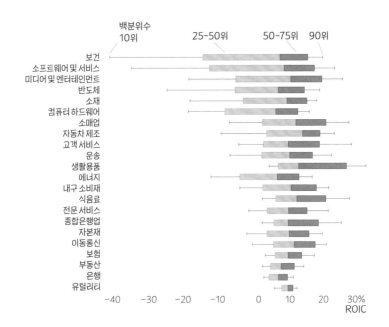

그림 2-4. 산업별 ROIC(2009~2018년)

도 ROIC는 단 4.5%만 증가한다.[7] 즉 산업 간 이동보다 산업 내 이동이 수익성을 높일 수 있는 여지가 두 배 이상 많다는 뜻이다. 수익성 관점에서 보면 각 산업은 상당히 유사하다. 그러나 동일 산업 내 기업들은 매우 큰 차이를 보일 수 있다.

이러한 수익성 지표를 살펴보는 것은 흥미롭기는 하지만 이 수치들은 기업의 장기 실적에 대해서는 거의 알려주지 못한다. 기업이 경쟁 우위를 유지할 수 있는지 알아보기 위해 2009년 최고 수익률을 기록한 기업(그림 2-1의 상위 3분의 1 기업)을 선정하여 해마다 재무 실적을 추적해 보았다.(그림 2-5)

최고 수익 기업들의 장기 성과를 살펴보면 '잔에 물이 반 남아 있을 때'의 이야기처럼 긍정적인 면과 부정적인 면이 다 보인다. 좋은 소식은 가장 성공적인 기업은 경쟁사보다 더 나은 성과를 계속해서 보여준

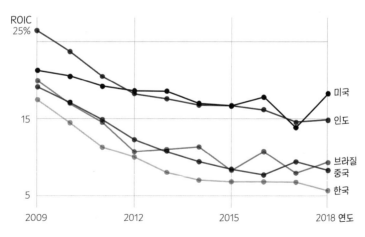

그림 2-5. S&P 500 상위 3분의 1 기업의 ROIC

다는 것이다. 마이크로소프트가 대표적인 예다. 개인용 컴퓨터가 등장
한 지 한참 지난 지금도 이 회사는 평균 이상의 성과를 계속 내고 있다.
실제로 마이크로소프트는 지난 20년 동안 매년 미국에서 가장 가치 있
는 10대 기업에 빠지지 않고 등재되었다.[8] 2020년 투자자들은 마이
크로소프트의 기업 가치를 1조 달러 이상으로 평가했다. 그러나 그림
2-5를 보면 시간이 경과할수록 (마이크로소프트를 포함한) 뛰어난 기
업의 성과가 매년 감소하고 있다는 것을 알 수 있다. 이들 기업의 ROIC
는 해마다 감소하고 있다.

이런 수치를 경영진에게 보여주어도 그들은 거의 놀라지 않는다. 요
즘에는 많은 사람들이 경쟁 우위를 유지하는 것이 훨씬 더 어려워졌다
고 생각한다. 심지어 지금과 같은 과당 경쟁 경제에서 장기 계획을 세
우는 것은 무의미하다고 주장하는 사람들도 있을 정도다. 이들은 과거
안정적인 환경에서만 전략이 유용했다고 말한다. 오늘날 고객 요구, 기
술 혁신, 경쟁사 움직임을 장기간에 걸쳐 성공적으로 예측할 수 있다고
생각한다면 참으로 순진한 생각이다. 과당 경쟁 환경에서 임원들은 공
격적인 단기 전략 수립에 안주하고, 이는 (운이 좋으면) 짧은 기간의 경
쟁 우위로 이어진다.[9]

경쟁이 이전보다 더 치열해졌다는 인식이 퍼져 있는 것은 맞다. 그러
나 과연 경쟁이 더 치열해졌을까? 각기 다른 시대를 대상으로 재무성
과의 감소 속도를 살펴보면 이러한 관점이 맞는지 테스트해 볼 수 있
다. 그림 2-5 곡선이 수십 년 전 하락 곡선보다 더 가파르게 하락하고
있는가? 그렇지 않다. ROIC 변화를 살펴보면 과당 경쟁 징후를 거의
찾아볼 수 없다. 선도 기업의 성과는 시간이 지남에 따라 줄어들기는

하지만 이러한 추세가 이전 시점보다 오늘날 더 두드러진 것은 아니다. 좀 더 정교한 연구에서도 비슷한 결론이 나온다. 고속으로 성장하는 시장을 연구하는 게리 맥나마라Gerry McNamara 교수와 그의 동료 폴 발레르Paul Vaaler와 신시아 데버스Cynthia Devers는 "오늘날 기업은 과거보다 덜 역동적인 시장에서 경쟁 우위를 확보하고 유지해야 하는 어려운 문제에 봉착해 있다."[10]라고 결론 내린다.

여러 시기에 걸친 재무성과 패턴을 보면서 여러분도 나처럼 낙관적으로 생각하기 바란다. 거의 모든 기업에 실적 향상을 위한 실질적인 개선 기회가 있기 때문이다. 데이터를 살펴보면서 내가 얻은 결론은 다음과 같다.

- **세계 어디에나 다른 기업보다 재무적으로 훨씬 더 성공한 기업이 존재한다.**
- **비즈니스 사이클과 국가 환경이 미치는 영향을 고려하더라도 동일 산업 내 기업 간 수익성에는 상당한 차이가 있다.** 선도 기업이 재무적으로 성공했다면 다른 기업도 잘 할 수 있다.
- **소폭 발전도 손익에 큰 영향을 미친다.** (전체 100개 기업 중) 50위였던 미국 기업이 40위로 뛰어오른다면 ROIC는 21%나 급등할 것이며, 만일 중국 기업이 이런 식으로 개선된다면 ROIC가 16% 증가할 것으로 예상된다.
- **업종 이동을 통해 얻을 수 있는 이익보다 일반적으로 동일 산업 내에서 이룬 성과 향상이 더 큰 이익를 가져다준다.** 기회의 바다에서 가장 매력적인 전망은 가까운 곳에 있다.

- 데이터상으로는 장기간 뛰어난 재무 실적을 달성하는 것이 오늘날 더 어려워졌다는 근거는 거의 찾아볼 수 없다.

그렇다면 이러한 손익 실적의 차이는 어디에서 오는 것일까? 성과 순위를 높이려면 어떻게 해야 할까? 다음 장에서는 결정을 내리는 데 도움이 되는 간단한 프레임워크를 살펴보자.

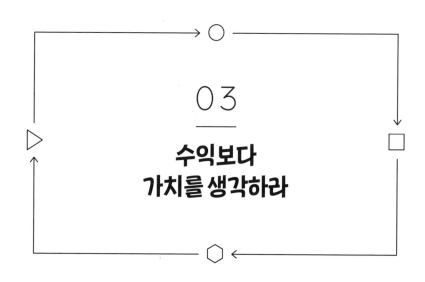

03
수익보다
가치를 생각하라

가치 창출을 관찰하기에 애플 매장보다 더 좋은 곳은 드
물다. 우아하고 아름답게 포장된 기기를 손에 들고 나오
는 고객의 모습을 보라. 물론 멋진 디자인을 위해 비싼 가격을 지불했
지만, 자부심과 기대감으로 환하게 웃는 사람들의 얼굴을 볼 수 있다.
인터넷에서는 페이스북과 인스타그램에서 또 다른 가치 창출 사례를
볼 수 있다. 친구들이 부러워하는 일자리를 제안받았거나 승진했을 때
올리는 사진과 동영상을 보라. 역시 행복한 얼굴을 볼 수 있다.

애플은 고객의 지불의사 가격(WTP)을 높임으로써 가치 막대기의
최상단에서 경쟁한다. 매우 매력적인 일자리를 제공하는 기업은 판매

WTP ─── 최신 기기
         손쉬운 사용법
         사회적 위신

         가치 창조

         매력적인 일자리

WTS ───

그림 3-1. 가치 창출 방식: WTP는 올리고 WTS는 내린다

의사 가격(WTS)을 낮추어 가치를 창출한다.(그림 3-1)

WTP와 WTS를 포기점walk-away points이라고 생각하면 된다. WTP는 고객이 제품에 대해 지불할 수 있는 최대 금액이다. 1센트만 더 청구하면 고객은 거래를 포기할 가능성이 높아진다. 애플 사례에서 알 수 있듯이 WTP에는 제품 속성, 품질, 제품이 부여하는 권위 등 많은 요소가 영향을 미친다. 가치 막대기 하단에 있는 직원의 WTS는 특정 유형의 업무를 수행한 사람이 받아들일 수 있는 최저 보상이다. 직원에게 WTS보다 낮은 보수를 지급하면 그는 회사를 관둘 것이다.

WTP와 마찬가지로 WTS에도 많은 고려 사항이 있다. 여기에는 업무 성격과 강도뿐만 아니라 경력에 대한 고민, 사회적 고려 사항, 다른 직업을 얻을 수 있는 기회 등이 포함된다.

WTP는 높이고 WTS는 낮추는 최종 전략

기업은 WTP를 높이고 WTS를 낮춤으로써 가치를 창출하고 가격과 보상을 설정하여 가치를 수익화한다. 기업이 창출하는 전체 가치는 세 가지 방식으로 나뉜다.(그림 3-2)

첫째, WTP와 가격의 차이가 고객에게 주는 가치다. 애플 제품은 비쌀지 모르지만 고객이 생각하는 기기의 가치는 훨씬 높다. 애플 매장에서 볼 수 있는 행복한 얼굴들은 WTP가 가격을 초과하는 정도를 반영한다. 가치기반 사고에서 가격은 WTP를 결정짓는 요소가 아니다. 우리는 종종 WTP와 가격을 혼동하여 사용하지만 이 둘을 구분하는 것이 유용하다.

둘째, 직원 보상과 WTS의 차이는 직장에서 얻는 만족감이다. 개념

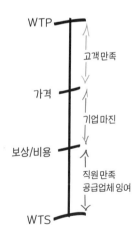

그림 3-2. 고객, 직원, 공급업체가 공유하는 가치

은 간단하다. 직원에게 주는 보상이 WTS에 맞게 정확히 책정된다면 직원은 일과 차선의 기회(다른 일자리 또는 여가) 사이에서 무차별적인 태도를 보일 것이다. 회사가 WTS보다 더 많은 보상을 지급하면 직원 만족도가 높아진다. 공급업체에도 비슷한 논리가 적용된다. 그들에게 가치는 기업으로부터 받는 금액(회사 비용)과 WTS 간의 차이다. 이는 공급업체가 거래를 통해 얻는 잉여subscript라고 생각하면 된다. 예를 들어 공급업체가 최소 25% 마진을 얻고자 한다면 이 마진율에 따라 공급업체가 수락할 수 있는 최소 가격인 WTS가 결정된다. 회사가 더 많은 금액을 지불하면 공급업체는 잉여를 얻는 식이다.

셋째, 가격과 비용의 차이는 기업에 돌아간다. 2장에서 관찰한 엄청난 수익성 차이를 다시 생각해 보자. 어떤 기업이 다른 기업보다 수익성이 훨씬 높은 이유를 이해하려면 가치 막대기의 중간 부분, 즉 기업 마진이 어떤 기업은 적고 어떤 기업은 많은지 이유를 파악하는 것이 유용한 출발점이 될 수 있다.

가치 막대기는 특정 제품, 특정 고객, 직원 및 공급업체에 따라 다르게 나타난다. 세련된 디자인을 좋아하고 사용 편의성을 높이 평가하는 고객은 애플 기기에 대한 WTP가 높은 경향이 있다. 애플은 이 그룹에 대해 높은 가격을 책정하는 동시에 상당한 고객 만족도를 창출할 수 있다는 뚜렷한 이점을 가지고 있다. 또한 애플은 일부 공급업체와도 이점을 누리고 있다. 예를 들어 쇼핑몰은 애플에 특별한 혜택을 제공한다. 일반적으로 임차인은 평방 피트당 매출의 15%를 임대료로 지불하는 데 반해 애플 스토어는 단지 2% 이하를 임대료로 지불한다.

쇼핑몰 소유주가 애플에 관대한 이유는 무엇일까? 그림 3-3에서 볼 수 있듯이 쇼핑몰은 애플과의 관계에서 특히 WTS가 낮은데, 이는 애플이 입점하면 쇼핑몰 내 다른 모든 매장의 내방고객이 약 10% 증가하기 때문이다.[1] 또한 이 그림에서 알 수 있듯이 쇼핑몰이 붐비면 쇼핑몰 소유주는 다른 매장 임대료를 매출의 약 15%까지 인상할 수 있다.

가치 막대기는 기업이 가치를 창출할 수 있는 방법은 WTP를 높이거나 WTS를 낮추는 두 가지 방법밖에 없다는 것을 보여준다. 모든 전략적 행동 계획initiative은 이 두 가지 지표를 기준으로 평가해야 한다. 어떤 활동이 WTP를 증가시키거나 WTS를 감소시키지 않는다면 그 활동은 기업 경쟁력에 기여하지 못하는 것이다.

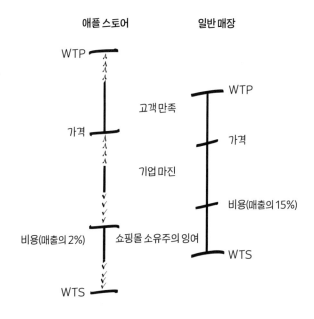

그림 3-3. 높은 WTP와 낮은 WTS로 애플이 누리는 이익

나는 기업을 방문하면 다양한 활동을 관찰하면서 항상 깊은 인상을 받는다. 동시에 특정 행동 계획이 WTP를 높이거나 WTS를 낮추는 데 어떻게 도움이 될지 알 수 없는 경우가 종종 있다. 조직에 과도한 부담이 된다고 느끼거나 당신이 불합리하게 스트레스를 받는다면 지금이야말로 이를 줄일 수 있는 기회다. 어떤 행동 계획이 WTP를 높이거나 WTS를 낮추지 않는다면 추진할 가치가 없다.

결국은 고객 만족이다

회사가 상당한 가치를 창출했다면 그 가치를 수익화할 수 있는 방법은 무엇일까? 이것은 의례적인 질문이 아니다. 미국 보험회사가 상당한 가치를 창출한다는 사실을 의심하는 사람은 아무도 없을 것이다. 하지만 2장에서 살펴본 바와 같이 그 가치의 대부분은 보험사에 남아 있지 않고 고객에게 흘러간다. 기업들이 얼마나 많은 가치를 수익화하는지 파악하기 위해서는 경쟁사를 아는 것이 도움이 된다.

보스턴에서 로스앤젤레스로 가는 왕복 항공편을 예약한다고 가정해보자. 익스피디아Expedia는 다양한 옵션을 제시한다. 가장 저렴한 세 개의 항공편은 아메리칸 항공, 알래스카 항공, 델타 항공이다. 가격은 모두 비슷하다. (델타항공이 조금 더 저렴하다. 그림3-4) 익스피디아는 세 항공편 모두 10점 만점에 8.5점을 부여하여 여행 경험이 비슷할 것이라고 평가했다. 당신은 세 가지 옵션 중 어떤 것을 선택하고 싶은가?

결국엔 항공편 가격이 선택에 큰 영향을 미칠 것이다. 왜 그럴까? 달

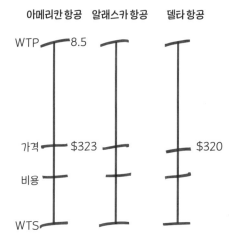

그림 3-4. 항공사별 가격 비교

리 고려할 사항이 없기 때문이다. 세 개의 가치 막대기가 비슷할수록 승객은 가격에 집중하는 경향이 커진다. 실제로 이 세 항공편의 가격이 거의 비슷한 것은 우연이 아니다. 의미 있는 차별화가 부족하므로 항공사는 가격으로 경쟁하는 수밖에 없다.

가끔 고객의 가격 민감도에 대해 불평하는 기업가들을 만나곤 한다. 하지만 민감도가 높다는 것은 기업의 경쟁 우위를 반영하는 것에 불과하다. 한 기업의 가치 막대기가 다른 기업의 가치 막대기와 매우 유사하다면 고객은 어떤 선택을 할까? 고객은 가격에 집중하여 기업 마진에 압박을 가하고 기업이 가치를 수익화하는 능력을 감소시킬 것이다.

반대로 우수한 가치를 창출하는 기업은 프리미엄 가격을 책정할 수도 있다. 익스피디아는 보스턴에서 로스앤젤레스까지 가는 가장 저렴한 제트블루 항공편을 8.7점으로 평가했다. 당연히 가격도 411달러로 더 높다. 승객들이 더 나은 경험을 기대하기 때문이다.(그림 3-5)

이 상황에서 고객이 제트블루 항공편을 선택할까? 정확히 알 방법은 없다. 제트블루가 더 나은 고객 만족을 제공한다면 승객들은 이 항공사 서비스로 몰려들 것이다. 그러나 아메리칸 항공의 WTP와 323달러의 차이(아메리칸 항공의 고객 만족)가 제트블루의 WTP와 411달러의 차이(제트블루의 고객 만족)보다 크다면 아메리칸 항공이 더 나은 경쟁 우위에 있는 것이다. 기업은 탁월한 고객 만족을 창출함으로써 고객을 확보하기 위해 경쟁하며 업계 최고가 되기 위해 노력한다. 하지만 더 나은 품질과 더 높은 WTP가 꼭 성공을 보장하는 것은 아니다. 중요한 것은 WTP와 가격의 차이, 즉 고객 만족이다.

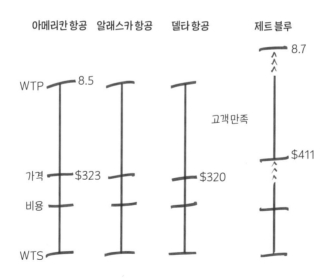

그림 3-5. 항공사별 WTP 차이와 고객 만족도 차이

차별화된 가치를 창출하라

이 논의에서 알 수 있듯이 가치를 수익화하는 능력은 모두 가치 창출의 차이에 따라 달라진다. 뛰어난 성과를 추구하는 많은 경영진은 기업 수익을 늘리기 위해 무엇을 해야 할지 스스로에게 질문하지만, 이는 잘못된 질문이다. 재무 성과를 높이기 위한 여정을 시작하려면 차별화된 가치를 창출해야 한다. 그러면 수익은 따라오게 되어 있다. 그렇게 하지 않으면 아무리 뛰어난 사업 감각을 가지고 있어도 뛰어난 결과를 창출하지 못할 것이다. 두 가치 막대기 간의 유사성이 클수록 가격 경쟁에 대한 압박은 더 커지게 마련이다.

경험을 통해 잘 알겠지만 차이를 염두에 두고 생각한다는 것이 쉬운 일은 아니다. 2018년 말 차량 공유 업체인 리프트Lyft가 유권자들을 투표장으로 데려다주기 위해 할인된 요금을 제공하겠다고 발표했을 때 리프트의 주요 경쟁사인 우버는 어떻게 대응했을까? 짐작했겠지만 우버는 리프트의 계획을 그대로 모방했다.[2] 이런 종류의 모방은 두 가지 효과를 가져온다. 첫째, 모방한 기업에 가치를 창출한다. 우버 경영진은 할인 요금이 효과적인 마케팅 전략이라고 확신했다. 둘째, 그러나 동시에 모방은 기업의 수익화 능력을 떨어뜨린다. 유사성이 커지면서 가격 하락 압력으로 작용하기 때문이다.

가치기반 전략을 비즈니스에 적용하는 기업 리더들에게 이러한 사고방식의 특별한 유용성에 대해 어떻게 생각하느냐고 물어보면 다음과 같은 답이 돌아온다.

- **세상은 복잡하다.** 가치기반 전략은 우리가 어떻게 가치를 창출할 수 있는지 보여주는 데 도움이 된다. 수단은 단 두 가지 WTP와 WTS밖에 없다.
- **경쟁에서 더 큰 마진(그리고 더 큰 수익성)은 뛰어난 고객 만족, 더 높은 직원 만족 및 더 많은 공급업체 이윤 창출 능력이 가능해야 얻을 수 있다.** 먼저 가치를 창출해야 이를 수익화할 수 있다.
- **전략가들은 차이를 염두에 두고 생각한다.** 뛰어난 제품 품질과 훌륭한 근무 환경을 갖추고 있더라도 경쟁사가 이를 쉽게 따라올 수 있다면 그로 인한 우위는 지속되지 않는다.

다음과 같이 울림이 있는 질문을 해보자. 만약 내일 회사가 사라진다면 누가 회사를 그리워할까? 제품과 서비스에서 최고의 기쁨을 찾았던 고객일까? 회사에서 일하는 것을 소중히 여겼던 직원들일까? 아니면 회사와 특별한 관계를 유지했던 공급업체일까? 누군가는 당신의 회사를 그리워해야 한다. 아무도 그리워하지 않는다면, 그리고 당신의 가치관이 다른 사람들과 비슷하다면 당신은 아무런 차별화도 하지 못한 것이다. 그리고 의미 있는 차별화가 없다면 기업은 자본비용을 초과하는 수익을 올릴 가능성이 거의 없다.

2부

고객을 위한 가치란 무엇인가

Better, simpler strategy

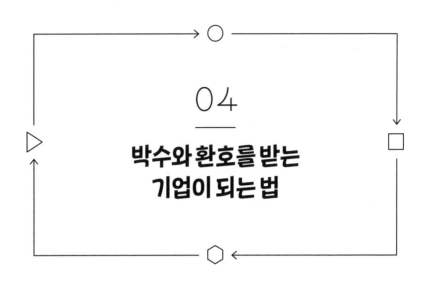

04
박수와 환호를 받는
기업이 되는 법

제품에 집중하는 것 vs
WTP에 집중하는 것

루빅스 큐브, 콜레스테롤 치료제 리피토, 닌텐도 스위치, 슈퍼마리오 게임, 도요타 코롤라, 레이디 가가Lady GaGa의 페임 향수는 어떤 공통점이 있을까? 모두 출시되자마자 불티나게 팔린 제품이라는 점이다. 루빅스 큐브는 출시 첫 2년 동안 200만 개가 판매되었고 닌텐도 스위치는 한 주 만에 130만 대 판매고를 올렸다. 이들은 각 분야에서 역대 최고 판매 기록을 세운 제품이다.

　이러한 제품 및 서비스의 공통점은 제작자가 고객의 WTP를 크게 높일 수 있는 방법을 찾았다는 것이다. 역사상 가장 많이 팔린 처방약 중 하나인 리피토는 '나쁜 콜레스테롤' LDL을 낮추는 최초의 스타틴 계열 제품은 아니었지만 경쟁 제품보다 훨씬 더 효과가 뛰어났다. 리피토 발명가인 브루스 D. 로스Bruce D. Roth는 이렇게 설명한다. "(리피토는) 다른 스타틴 제품보다 엄청나게, 믿을 수 없을 정도로 뛰어난 성능을 발휘합니다. 리피토 최저 용량은 다른 약 최고 용량만큼 효과가 있었습니다."[1] 마찬가지로 슈퍼마리오 게임을 세상에 소개한 닌텐도 디자이너 미야모토 시게루Miyamoto Shigeru는 전자오락 경험을 변화시킬 방법을 찾았다. 프로그래머가 아니었던 미야모토는 슈퍼마리오 브라더스를 만들 때부터 유명했지만 이 새로운 게임으로 엄청난 성공을 거두었다.[2] 시사주간지 〈이코노미스트〉는 "대부분의 게임이 우주처럼 검은 배경에서 플레이되던 시절, 이 게임은 맑고 푸른 하늘 아래에서 진행되었다. 마리오는 자신을 더 크게 만들어주는 마법 버섯을 먹고 '슈퍼' 상태가 되기도 하고 녹색 파이프를 통해 이곳저곳으로 이동했다. '슈퍼마리오' 게임에는 버섯 배신자('굼바'), 거북이 병사('쿠파 트루파'), 사람을 잡아먹는 식물('피라냐 식물')로 가득한 세계가 있어서 누구에게나 탐험할 수 있는 기회를 제공했다. 숨겨진 트릭과 다양한 레벨이 가능해서 그 누구도 본 적 없는 새로운 게임이었다."라고 극찬했다.[3]

　이러한 예에서 알 수 있듯이 제품과 서비스의 WTP를 높이는 방법은 무수히 많다. WTP는 열린 개념이라고 생각하면 된다. 제품 유용성, 제품이 불러일으키는 즐거움, 제품이 부여하는 권위, 제품이 가져다주는 기쁨, 심지어 제품 자체의 특성과는 거의 관련이 없는 사회적 고려

사항에 의해서도 영향을 받는다. 레이디 가가의 향수 페임은 투명한 검은 액체가 분사되는 참신한 제품이었지만 그 성공의 일부는 아티스트와의 연관성, 즉 가가의 말처럼 그 향수를 뿌리면 고객에게 "내가 당신의 피부에 닿아 있는 듯한 느낌"을 줄 수 있다는 약속 때문이었다고 가정해도 무방할 것이다.[4] (그런데 이것은 WTP가 사람마다 얼마나 급격하게 달라지는지를 보여주는 것이기도 하다. 레이디 가가가 피부에 닿는 느낌은 분명히 모든 사람이 좋아하는 느낌은 아닐 것이다.)

물론 WTP를 높이는 방법에 대한 이러한 설명은 여러분이 모르고 있는 사실을 알려주지는 않는다. 고객 니즈를 충족하는 제품과 서비스 개발은 기업 입장에서 상식이다. 고객 요구에 부응하지 않으며 고객 중심이라고 주장하지 않는 회사를 나는 지금껏 본 적이 없다. 그렇다면 여기서 새로운 것은 무엇일까? WTP와 고객 만족을 높이겠다는 열망은 멋진 제품과 서비스를 제공하겠다는 생각과 같은 것 아닌가?

제품에 집중하는 것과 WTP에 집중하는 것 사이에는 미묘한, 그렇지만 중요한 차이가 있다. 제품 중심적인 관리자는 "어떻게 하면 더 많이 팔 수 있을까?"라고 묻는다. WTP에 관심 있는 사람은 고객이 박수 치고 환호하는 모습을 보고 싶어 한다. 고객이 구매를 결정한 후에도 고객 경험을 개선할 수 있는 방법을 모색할 것이다.(그림 4-1) 제품 위주의 관리자는 구매 결정을 깊이 이해하고 고객을 유인하는 방법에 관심이 많다. 반면에 WTP에 주목하는 관리자는 전체 고객 여정을 고려하고 모든 단계에서 가치를 창출하는 기회를 찾는다.

나는 몇 년 전 한 영업사원과 나눈 대화로 그 차이를 실감했다. 친구

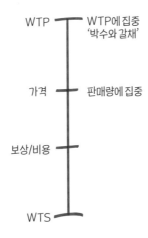

그림 4-1. 대부분의 기업이 고객 WTP보다 판매에 집중한다

생일을 맞아 꽃을 보내려다가 깜박 잊어버린 일이 있었는데, 며칠 후 기억이 나서 꽃집에 전화를 걸어 꽃을 주문했다. 늦은 오후였는데 판매원은 꽃을 그날 배달할지 다음 날 배달할지 물었다. 나는 친구 생일이 지났다며 가능한 한 빨리 꽃을 보내달라고 판매원을 재촉했다. 그런데 놀라운 대답이 돌아왔다. "생일이 지나서 늦게 배달했으니 책임은 우리가 져야겠죠?" 판매원의 대답을 듣고 나는 깜짝 놀랐다. 물론 나는 그 직원이 친구에게 거짓말을 해주길 바란 건 아니었다. 하지만 그 짧은 대화에서도 이 영업사원이 자신의 일을 단순히 꽃을 파는 것으로 보지 않으며, 제품 중심의 편협한 사고방식에 사로잡혀 있지 않다는 것을 알 수 있었다. 그 직원의 임무는 고객의 WTP를 높이는 것이었다. (이 이야기의 결말은 충분히 예상했을 것이다. 친구 생일이 돌아올 때면 나는 며칠 전에 그 꽃집에서 알람을 받고 다소 비싼 가격으로 꽃을 주문한다. 하지만 다른 꽃집을 이용할 생각은 해본 적이 없다.)

WTP에 집중하는 기업은 여러 가지 이유로 장기적인 경쟁 우위를 누릴 수 있다. 왜냐하면 우리는 소비자 이익을 최우선으로 생각하는 기업을 신뢰하기 때문이다. 또한 이러한 조직은 가치 창출 기회를 더 잘 식별하는 경우가 많다. 여러 소비자 그룹 및 중간 유통업자 그룹의 니즈를 더 잘 파악하며, 한 그룹의 WTP를 높이면 다른 그룹의 WTP가 낮아진다는 것도 잘 알고 있다. 마지막으로, WTP를 크게 높인 기업은 고객 선별 효과를 통해 상당한 이점을 얻을 수 있다. 예시를 통해 이러한 각 요소를 설명해 보겠다.

최대 투자회사 뱅가드 그룹의 성공 요인

존 C. 보글John C. Bogle은 첫 직장이었던 웰링턴 매니지먼트 컴퍼니에서 '지나치게 열정적으로 일한 결과' 해고된 후 오늘날 세계 최대 투자회사 중 하나인 뱅가드 그룹Vanguard Group을 설립했다. 이해 충돌로 가득 찬 이 업계에서—최근 미국 정부 추산치에 따르면 수수료에 목마른 브로커 딜러들의 사기성 컨설팅 비용이 연간 170억 달러에 달한다고 한다.—보글(과 뱅가드) 그룹은 '뮤추얼 펀드 투자자의 가장 친한 친구'로 알려져 있다. [5] "당시 우리의 과제는… 더 새롭고 더 나은 뮤추얼 펀드 운영 방식을 만들고… 그것을 우리 클라이언트에게 직접적인 이익이 되도록 하는 것이었습니다."라고 보글은 회상했다.[6] 그의 리더십 아래 회사는 노로드 펀드no-load fund(운용 수수료 외에 판매 및 해지 수수료가 없는 펀드-옮긴이)를 도입하여 패시브 투자가 유행하기 훨씬 전에 개인 투자자에게 저비용 인덱스 투자를 제공했다. 처음에는 '미국적이지 않다.' '평범함으로 가는 확실한 길이다.'라는 조롱을 받았던 패시브 펀드는 이제 미국 뮤추얼 펀드와 상장지수 상품에서 전체 주식 자산의 거의 45%를 차지한다.[7]

보글은 그의 경력 전반에 걸쳐 높은 가격, 오해의 소지가 있는 광고 관행, 투자자에게 거의 아무런 가치도 창출하지 못하는 상품 확산에 대하여 업계 전반을 비판했다. 2010년 그는 자신의 저서《월 스트리트 성인의 부자 지침서 Enough: True Measures of Money, Business, and Life》에서 뱅가드의 목표와 자신의 개인적인 열망을 이렇게 요약했다. "내가 싸우는 이유는 시민/투자자들이 공정한 권리 기회를 갖도록 하기 위해서입니다. 그것이 수학적으로도, 철학적으로도, 윤리적으로도 옳습니다." 그에게는 고객의 WTP와 고객 만족이 항상 최우선이었다. 이 원칙 덕분에 그는 치열한 경쟁이 벌어지는 업계에서 가장 성공적이고 널리 존경받는 회사 중 하나를 만들 수 있었다. 그의 고객들은 항상 보글이 고객 이익을 최우선으로 생각한다는 것을 알고 있었다.

아마존이 소니를 이긴 이유

전자책 단말기는 2000년대 후반의 핫한 전자제품이었다. 2004년 출시 후 10년 만에 미국인 3분의 1이 이 기기를 소유했을 정도며[8] 시장 규모는 10억 달러에 이르렀다. 당시 선도적인 소비자 가전 회사였던 소니는 전자책 단말기 리브리에Librie를 최초로 출시했으며 흑백 안료 입자를 미세 캡슐에 담아 전기 자극을 통해 원하는 색상을 표면에 드러내는 전자 잉크 기술을 적용하여 업계 표준을 정립했다. 리브리에는 전자 기기에서 보여줄 수 있는 최고의 독서 경험을 제공했다.[9]

아마존은 빠르게 성장하는 이 시장에 진출하고 싶었지만 가능성은 제한적이었다. 소니는 이미 선도적인 기술을 채택하여 가장 먼저 시장에 제품을 출시했으며, 경쟁사보다 두 배나 많은 마케팅 비용을 지출하고 있었다.[10] 그러나 이렇게 불리한 여건에도 아마존은 소니를 손쉽게 이겼다. 2007년 출시된 아마존 킨들은 2012년까지 62%의 시장점유율을 기록했지만 소니는 불과 2%에 불과했다.[11] 과연 무엇이 이런 차이를 만들었을까? 바로 무선 연결 기능이었다. 소니 고객들은 다루기 어려운 전자 서점에서 제한된 종류의 책을 PC로 다운로드한 다음 이를 다시 단말기로 전송해야 했다. PDF 및 ePub 문서를 사용할 수 있도록 기기 업그레이드를 할 경우에도 사용자는 단말기를 소니 서비스 센터로 직접 보내 펌웨어를 업데이트해야 했다.[12] 반면에 아마존 킨들은 무료 3G 인터넷 접속 기능을 제공하여 충동구매로 이어지게 했다. 출시되자마자 킨들은 5시간 만에 매진되었다.[13]

소니와 같은 제품 중심 기업은 기기 품질에 세심한 주의를 기울인다. 소니는 고객이 이 새로운 기기를 사기로 결정하는 데 중요한 요소인 훌륭한 독서 경험을 제공하는 제품을 개발했다. 반면 아마존은 WTP에 초점을 맞추어 고객 여정 전체에 편리함을 제공했다. 소니가 뒤늦게 무선 기능을 도입했지만 이미 시장은 아마존에 유리하게 기울어져 있었다.

WTP 관점에서 생각하기 시작하면 고객 만족을 창출할 수 있는 새로운 기회가 항상 생겨나고, 모든 종류의 '당연한' 결정이 조금 덜 당연해진다. 예를 들어 지하철 역사 안에 티켓 자동 발매기를 어디에 설치해야 할까? 개찰구 앞에 설치할까, 아니면 승강장에 설치할까? 이 질문은 매우 당연한 것처럼 보인다. 개찰구를 통과하기 전에 고객이 티켓을 구매해야 하므로 승강장에는 기계를 설치할 수 없다. 맞다! 하지만 두 곳에 모두 기계를 배치하면 더 나은 고객 경험을 제공할 수 있지 않을까라고 생각해 볼 수 있다. 오늘날 지하철 티켓을 구매하거나 지하철 카드를 충전하기 위해 줄을 서서 기다리는 고객들을 관찰해 보면, 열차를 놓치지 않기 위해 최대한 빨리 표를 구매하려고 필사적으로 노력하거나 긴 줄에 좌절한 승객들이 정신없이 움직이는 모습을 볼 수 있다. 플랫폼에 도착한 고객은 다음 열차가 도착할 때까지 인내심을 갖고 기다린다. 플랫폼에 자판기를 설치하면 얼마나 많은 가치를 창출할 수 있을까? 고객들이 대기 시간을 더 생산적으로 사용할 수 있는 기회를 갖게 된다면 얼마나 좋아할까? 실제로 승객들이 지하철 카드를 더 여유롭게 충전할 수 있도록 함으로써 WTP를 높일 수 있을까? 이렇게 되면 자판기의 '당연한' 위치는 어느새 당연한 것으로 받아들여지지 않는다. 고객 여정 전반에 걸쳐 WTP에 주의를 기울이면 무수히 많은 방법으로 고객 만족도를 높일 수 있는 기회를 발견할 수 있다. 단순히 고객이 제품을 구매하도록 유도하고 판매를 쉽게 하는 것(개찰구 앞에 자판기를 배치하는 방식으로)은 고객에게 진정으로 즐거운 경험을 제공하는 것에 비하면 훨씬 시야가 좁은 접근법이다.

기업의 수익화냐, 고객의 니즈냐

빅벨리BigBelly는 태양열로 작동하는 쓰레기통을 생산한다.(그림 4-2) 이 쓰레기통은 자동으로 쓰레기를 압축하고 압축기가 꽉 차면 환경미화원에게 알려준다. 빅벨리는 이 쓰레기통을 사용하면 쓰레기 수거 작업을 80%까지 줄일 수 있어 환경 부서 직원의 시간과 출장 비용을 절약할 수 있을 것으로 예상했다. 또한 이 쓰레기통은 쓰레기가 넘쳐나는 일도 해결할 수 있었다. 2003년 빅벨리가 시장에 진출했을 때 모든 도시에서 앞다투어 계약을 체결했다. 필라델피아시에서만 약 1,000대를 주문했을 정도였다.

그러나 설치가 시작되자 이 쓰레기통은 치명적인 결함을 드러냈다. 온라인 리뷰는 혹평이 난무하는 오늘날 인터넷 댓글의 기준으로 봐도

그림 4-2. 빅벨리 압축 쓰레기통-오리지널 모델

혹독했다. 한 (예의 바른) 사용자는 "빅벨리 쓰레기통은 일반 쓰레기통보다 훨씬 더 역겹게 바뀌었어요…. 실제로 쓰레기통을 열려면 손잡이를 만져야 합니다. 그 더러운 손잡이를 통해 얼마나 많은 세균이 사람들 사이로 퍼져나갈지 생각해 보세요. 정말 더러워요! 야외 쓰레기통으로 이보다 더 비위생적인 디자인은 생각할 수 없습니다."라고 말했다.[14] 또 다른 사용자는 "제 아내는 냅킨이나 종이봉투가 없으면 쓰레기통을 안 만지기 때문에 실제로 손잡이가 피부에 닿는 일은 없어요… 그렇게 하는 사람들이 많더군요. 가끔 사람들이 용기 위에 쓰레기를 올려놓는 경우가 있는데 아마도 만지기 싫어서 그런 것 같아요. 요즘 쓰레기통 중에는 꽤 지저분해 보이는 것도 있거든요."[15]

빅벨리는 첫 번째 고객 그룹인 환경 부서를 위해 거의 완벽한 솔루션을 만들었지만, 두 번째 그룹인 쓰레기통 사용자에 대해서는 거의 신경을 쓰지 않았다. 쓰레기통에 대한 부정적인 반응을 확인한 필라델피아 시정부는 이 회사에 쓰레기통의 4분의 1을 무료로 교체하고 개선된 디자인을 개발해 달라고 요구했다.[16] 다행히 회사는 간단하면서 효과적인 해결책을 찾았다. 쓰레기통에 풋 페달을 추가하여 사람들이 다른 쓰레기통에서 누리던 핸즈프리 경험을 재현한 것이다.(그림 4-3)

일반적으로 기업이 생각하는 고객이란 돈을 지불하는 조직 또는 개인이다. 따라서 보험회사가 모집인에게 관심을 기울이고, 소비자 용품 판매회사가 슈퍼마켓과 긴밀히 협력하는 것과 마찬가지로 빅벨리는 환경 부서에 집중했다. 각각의 경우 최종 고객은 사실 이들보다 한 단계 더 떨어져 있다. 판매와 대금을 지불하는 업체에만 집중하는 기업의 경우 최종적으로 서비스를 경험하는 고객을 소홀히 대하기 쉽다. 이와

그림 4-3. 빅벨리 압축 쓰레기통-페달형
(빅벨리 제공 이미지)

는 대조적으로 WTP라는 더 넓은 기준을 적용하는 기업은 경쟁 우위를
차지하는 경우가 많다.

사실 기업이 보편적으로 WTP에 집중했다면 다음과 같은 이야기
를 할 필요도 없었을 것이다. 1997년 똑똑하지만 경험이 부족한 두 명
의 대학원생이 인기 있는 인터넷 검색 엔진을 개발한 익사이트Excite라
는 회사 사무실을 방문했다.[17] 이들은 백럽Backrub이라는 잘 알려지지 않
은 소프트웨어 엔진을 160만 달러에 팔고자 익사이트 CEO인 조지
벨George Bell을 만났다. 백럽의 우수성을 입증하기 위해 이들은 두 엔진
에서 인터넷이라는 용어를 검색해 보았다. 익사이트는 인터넷이라는
단어가 눈에 띄는 중국어 웹페이지를 보여주었다. 반면 백럽은 사용자
가 관심을 가질 만한 종류의 링크를 정확하게 제공했다.

벨이 얼마나 흥분했을까? 전혀 흥분하지 않았다. 그가 보기에 백럽은 지나치게 훌륭했다! 알다시피 익사이트의 비즈니스 모델은 광고였다. 사용자가 익사이트 사이트에 더 오래 머무르고 더 자주 재방문할수록 회사가 더 많은 수익을 올릴 수 있는 구조였다. 벨의 세계에서 관련성이 높은 검색 결과를 제공하여 사용자를 다른 곳으로 빠르게 이동시키는 것은 끔찍한 생각이었다. 벨은 수익을 최적화하기 위해 익사이트 엔진이 다른 엔진의 80% 수준으로 향상되기를 원한다고 설명했다. 백럽과는 거래가 성사되지 않았다. 짐작했겠지만 이 두 학생은 바로 구글 창업자인 세르게이 브린Sergay Brin과 래리 페이지Larry Page였다. 익사이트가 현재 1조 달러 이상의 가치를 지닌 구글을 아주 적은 금액에 인수했다면 어떤 일이 생겼을지 상상하기도 어렵다.

비즈니스 모델은 기업이 가치를 창출하는 방식을 설명한다. 그러나 가치 창출이 없다면, 어떻게 가치를 수익화할 수 있는지에 대한 질문은 무의미하다. 더 나쁜 것은 구글 사례가 보여주듯 비즈니스 모델에 대한 집착이 가치 창출을 쉽게 저해할 수 있다는 점이다. 백열전구 수명을 의도적으로 제한한 20세기 피버스 카르텔Phoebus cartel부터 한 가지 색의 잉크 잔량이 수준 이하로 떨어지면 모든 칼라 인쇄를 불가능하게 하는 스마트 칩이 장착된 잉크 카트리지까지, 역사는 가치 창출보다는 가치를 수익화하는 능력을 중요하게 생각하는 기업들의 결말을 보여준다. 이러한 전략을 좇는 기업들이 역사적으로 별다른 인정을 받지 못한다는 사실에서 위로받는 것이 잘못된 일일까? 익사이트를 기억하는 사람이 있기나 할까?

고객 우선이 곧 수익 창출

WTP에 집중하는 기업은 또한 '적합한' 고객에게 서비스를 제공하기 때문에 더 나은 성과를 거둘 수 있다. 기업이 WTP를 높이는 방식에 따라 특정 고객 그룹은 기업 제품을 더욱 매력적으로 느낄 것이다. 건강보험 및 생명보험회사인 남아프리카공화국의 디스커버리Discovery를 예로 들어보자.[18] 이 회사의 대표 상품 바이탈리티Vaitality 프로그램은 피트니스 클럽 우선 이용권을 제공하고, 웨어러블 기기를 통해 고객이 운동량을 추적하여 포인트를 적립할 수 있으며, 식료품점과 제휴하여 회원들에게 더 건강한 음식을 제공하기도 한다. 수백만 명의 회원을 보유한 디스커버리 보험사는 스스로를 '세계 최대의 행동 변화 플랫폼'이라고 홍보한다. 설립자 겸 CEO인 에이드리언 고어Adrian Gore는 "이 플랫폼의 장점은 공유 가치를 창출한다는 점입니다. 우리 고객들은 더 건강해질 수 있는 동기를 부여받고 … 그리고 우리는 최소한의 보험 청구와 수익성으로 운영할 수 있습니다."[19]라고 말했다. 고객 선별 효과는 이 보험사의 성공에 매우 중요하다. 디스커버리는 건강을 중시하는 개인의 WTP를 높였다. WTP에서 상당한 우위를 점하면 가치 제안이 필요한 고객들에게 (종종 더 낮은 비용으로) 서비스를 제공할 수 있었다.

가치 창출은 기업 성공의 최고 전략

제품 및 판매 중심의 사고방식과 고객 WTP에 초점을 맞춘 사고방식사이의 차이는 처음에는 별것 아닌 것처럼 보일 수 있다. 하지만 뱅가드, 킨들, 빅벨리, 디스커버리 사례에서 보듯이 고객의 WTP라는 렌즈를 통해 세상을 바라보는 것이 얼마나 큰 이점을 가져다주는지 잘 알수 있다.

가치 창출을 진지하게 받아들이면 극적이고 전략적인 결과를 가져올 수 있다. 카자흐스탄의 선도적인 핀테크 회사 카스피Kaspi.kz 는 고객에게 중요한 가치를 창출할 수 있는 방법을 찾지 못하고 번성하던 신용카드 사업을 포기했다. 미하일 롬타제Mikhail Lomtadze 회장은 "경영진 프레젠테이션에서 1억 달러를 버는 데 몇 개월이 걸리는지 설명했는데, 처음에는 18개월이라고 했습니다. 그런데 금세 12개월, 그다음에는 6개월이 되었습니다. 이것이 우리의 계산법이었습니다. 저는 효율성과 수익성을 강조했지만 결국 대부분의 금융 서비스가 끝나는 지점, 즉 고객이 우리를 싫어하는 지점에 도달했습니다."[20]라고 말했다. 카스피는 신용카드업에서 카자흐스탄 경제의 심각한 골칫거리이며 지루해 보이는 청구서 결제 사업으로 방향을 전환했다. "러시아의 한 대학에 관한 유명한 이야기가 있습니다."라고 롬타제는 말한다. "건물을 지었지만 캠퍼스에 도로를 까는 대신 사람들이 스스로 길을 만들도록 놔두었습니다. 길이 만들어지고 나서야 콘크리트를 깔았다고 합니다. 이것이 우리가 프로세스에 대해 생각하는 방식입니다." 골드만삭스의 지원을 받은 카스피는 많은 사랑을 받는 청구서 결제 서비스를 핵심으로 하여 현재 수십억 달러 가치를 지닌 제품 생태계를 구축했다. 신용카드를 통해 창출되는 가치와 수익화로 창출되는 가치의 차이를 알게 된 카스피는 다시는 고객의 WTP를 놓치지 않았다.

WTP에 집중하는 전략이 기회를 만든다

고객 WTP를 중시하는 기업 문화가 확고하게 자리 잡은 조직이라도 모든 구성원에게 정기적으로 회사의 중점 사항을 상기시키는 관행을 개발하면 도움이 된다. 이는 냉장고에 포스트잇을 붙이는 것과 같은 조직 활동이라고 생각하면 된다. 가족에게 신선한 우유 한 통이 필요하다는 것을 몰라서가 아니다. 하지만 냉장고에 붙어 있는 파스텔 톤의 작은 메모를 보는 것은 유용한 알림이 된다. 하버드 비즈니스 스쿨에서는 매주, 그리고 중요한 회의에서 꼭 학교의 사명에 대해 언급한다. 물론 누구에게도 새로운 소식이 아니며, 지나치게 연습된 느낌이 들 수도 있다. 하지만 사명을 한번 더 언급하면 마치 마법처럼 대화는 종종 다른 방향으로 전개되는 경우가 많다.

아마존은 조직이 WTP라는 관점에서 생각해 볼 만한 여러 관행이 있는 기업으로 잘 알려져 있다. 아마존 회의에는 항상 빈 의자가 있다. 이 의자는 회의가 열리는 목적인 고객을 위한 자리다.[21] 아마존에서 새로운 서비스를 구축할 때 그들은 아직 존재하지 않는 서비스 출시를 발표하는 내부 보도자료를 작성하는 것부터 시작한다.[22] 아마존 웹서비스AWS의 CEO 앤디 제시Andy Jassy가 아마존 S3 스토리지 서비스를 위해 쓴 내부 발표문을 살펴보라.[23] (참고로 이것은 제시의 31번째 초안이다.)[24]

아마존 웹 서비스 출시
<비즈니스 와이어>, 2006년 3월 14일

S3는 매우 저렴한 비용으로 확장성 높고 안정적이며 지연 시간이 짧은 스토리지를 제공하는 애플리케이션 프로그래밍 인터페이스를 제공한다. 아마존 웹서비스는 금일 낮은 비용으로 확장성 높고 안정적이며 지연 시간이 짧은 데이터 스토리지 인프라를 제공하는 간편한 스토리지 서비스 '아마존 S3'를 발표했다. 아마존 S3는 오늘부터 http://aws.amazon.com/s3에서 이용할 수 있다.

아마존 S3는 인터넷용 저장소로서 개발자가 웹 스케일 컴퓨팅을 더 쉽게 사용할 수 있도록 설계되었다. 이는 시간과 장소를 불문하고 원하는 양의 데이터를 저장하고 검색하는 데 사용할 수 있는 간단한 웹 서비스 인터페이스를 제공한다. 모든 개발자는 아마존이 자체 글로벌 웹사이트 네트워크를 운영하는 데 사용하는 것과 동일한, 확장성이 뛰어나고 안정적이며 빠르고 저렴한 데이터 스토리지 인프라에 액세스할 수 있다. 이 서비스는 규모의 이점을 극대화하고 이러한 이점을 개발자에게 전달하는 것을 목표로 한다.

이런 관행—아마존식 용어로 역작업working backwards—은 직원들이 먼저 타깃 고객을 결정한 다음 새로운 서비스의 매력을 설명하도록 장려하는 시스템이다.[25] 이 연습을 할 때는 반드시 고객이 이해할 수 있는 언어를 사용해야 한다. 이 회사의 전 총괄 매니저 이안 매캘리스터Ian McAllister는 "나열된 혜택이 고객에게 그다지 재미없거나 고객의 흥미를 불러일으키지 않는다면 아마도 (해당 제품은) 만들어서는 안 될 것입니다. 대신 상품 관리자는 실제로 상당한 혜택처럼 보이는 안이 나올 때까지 보도자료를 계속 반복해서 작성해야 합니다. 보도자료를 반복하

는 것이 제품 자체를 반복해서 테스트하는 것보다 훨씬 비용이 적게 들고 더 빠릅니다."[26]

이 장에서 살펴본 바와 같이 WTP에 전략을 집중하는 기업은 다양한 기회를 찾을 수 있다. 개념은 매우 간단하다. 고객이 제품에 대해 기꺼이 지불할 수 있는 최대 금액을 높이면 된다. 하지만 그 결과 얻을 수 있는 기회는 엄청나다. 가치 막대기와 WTP를 사용하여 회사 전략을 수립할 때 다음 사항을 염두에 두어야 한다.

- **판매 중심의 사고방식을 고집하면 고객의 WTP를 높일 수 있는 기회를 놓칠 위험이 있다.** 제품 중심 조직에서는 거래량을 늘리면 성공할 수 있다. WTP에 초점을 맞춘 조직은 가치를 창출할 수 있는 방법이 더 풍부하며 정확히 이런 이유로 더 성공적인 경우가 많다.
- **비즈니스 모델에 대한 집착, 특히 가치 수익화에 대한 집착은 위험하다.** 수익화가 제로섬 게임이기 때문이다. 당신 회사의 성공이 고객의 손해를 처음부터 초래한다는 사실을 인정해야 한다.
- **상호 의존성은 예외가 아니라 규칙이다.** WTP, 가격, 비용, 판매의사(WTS)는 모두 연결되어 있다. WTP를 높이면 일반적으로 가치 막대기를 구성하는 다른 요소들도 함께 움직인다. 애플 제품의 WTP는 정말 놀랍지만 이를 높이기 위해 추가 비용이 발생한다. 전략적 가이드로서 가치가 있지만, WTP만 단독으로 고려해서는 안 된다. 우리가 3장에서 배운 깨달음을 명심해야 한다. 즉 전략을 성공시키는 궁극적인 결정 요인은 WTP 그 자체가 아니라 고객 만족의 증가다.
- **선두에 위치했다고 반드시 승리가 보장되는 것은 아니다.** 기업은

더 큰 고객 만족을 제공하기 위해 경쟁하기 때문에 시장에서 최고의 품질을 보유하거나 가장 존경받는 조직이 된다고 해서 성공이 보장되는 것은 아니다. 평범한 제품을 가진 기업도 특별한 방식으로 고객을 만족시킬 수 있다. 뛰어난 제품 중 하나인 도요타 코롤라가 좋은 예다. 1966년에 출시된 코롤라는 모든 면에서 볼 때 평범한 차량이었다. 코롤라를 디자인한 하세가와 타츠오Hasegawa Tatsuo는 코롤라의 매력을 높이고 WTP를 높이기 위해 별도의 버킷형 시트, 스포티한 플로어형 기어 변속기, 알루미늄 헤드라이트 인클로저 등 운전자에게 뛰어난 기능을 제공했다.(그림 4-4) 하지만 1960년대 후반에는 아무도 코롤라를 WTP가 높은 멋진 자동차 라인업에 포함시키지 않았을 것이다. 폰티악 보네빌을 몰 수 있다면 누가 코롤라를 운전하겠는가?

그렇다면 코롤라는 어떻게 보네빌을 능가할 수 있었을까? 바로 고객 만족이었다! 432,000엔(1966년 당시 1,200달러, 현재 가치로 9,560달러)이었던 코롤라는 파격적인 가격의 가성비 제품이었다. 1960년대 후반 미국에서 코롤라가 출시되었을 때 고객들은 코롤라가 매우 단순하지만 신뢰할 수 있다는 것을 알게 되었고, 생애 첫 차를 구입하는 고객과 세컨드 카를 구입하는 중산층 미국인들 사이에서 빠르게 인기를 얻었다.[27] 도요타가 북미에서 교두보를 구축한 것은 WTP 측면에서 미국 자동차를 이겼기 때문이 아니다. 고객 만족도에 있어서는 누구에게도 뒤지지 않았기 때문이었다.

• **경영진이 고객 만족에서 가장 좋아하는 것은 무엇일까? 바로 전염성이 강하다는 사실이다.** 세계 최대의 독립 디지털 은행인 브라질 누

그림 4-4. 1966년형 도요타 코롤라(왼쪽)와 1966년형 폰티악 보네빌
(출처: 위키미디어 커먼스)

뱅크Nubank의 CEO 데이비드 벨레즈David Velez에게 물어보라. 누뱅크는 매일 4만 명 이상의 신규 고객을 확보하고 있으며 그중 80%가 기존 고객이 추천해서 유입된다. "누뱅크는 고객 확보에 단 1달러도 들일 필요가 없었습니다."라고 벨레즈는 말한다.[28] 2020년 누뱅크가 멕시코 전용 신용카드 도입을 발표하자 3만 명이 대기자 명단에 이름을 올렸다. 누뱅크의 비결은 무엇일까? "우리는 고객이 우리를 광적으로 사랑하기를 바랍니다."[29]

05
잠재 고객을 놓치지 마라

잠재 고객을 공략한 기업들

2000년대 초, 이베이eBay의 CEO 메그 휘트먼Meg Whitman은 성장하는 중국 시장의 잠재력에 대하여 열광하고 있었다. "우리는 중국이 장기적으로 엄청난 잠재력을 가지고 있다고 생각합니다. 1위 자리를 유지하기 위해 할 수 있는 모든 것을 하고 싶어요. 10년에서 15년 후 중국은 전 세계에서 가장 큰 이베이의 시장이 될 것입니다."[1] 휘트먼의 열정은 쉽게 이해할 만하다. 2002년 이베이는 하버드 비즈니스 스쿨 졸업생인 탄 하이인Tan Haiyin과 샤오 이보Shao Yibo가 설립한 중국 C2C 온라인 마켓플레이스 이치넷EachNet에 3,000만 달러를 투자하여 중국 시장에 진출했으며 1년 후에는 이치넷을 전격 인수했다. 이 회사는 미래가 매우 밝아 보였다. 85%의 시장점유율을 차지했고 고객의 62%가 이 회사 서비스에 매우 만족하거나 만족한다고 답했다.[2] 당시 온라인 쇼핑은 아직 생소했지만 시장 잠재력은 엄청났다. 2004년에 중국의 인터넷 사용자 수는 9,000만 명에 달했고, 그중 절반 가까이가 광대역 인터넷 접속이 가능했다.

그런데 이때 알리바바를 창업한 마윈Jack Ma이 설립한 작은 스타트업 타오바오Taobao(보물찾기라는 의미)가 나타난다. 알리바바는 중국 중소기업이 온라인으로 제품을 판매하고 해외시장에 수출할 수 있도록 돕는 B2B 업체였다. 이베이를 가장 활발하게 사용하는 '파워 셀러'가 결국 알리바바와 경쟁하게 될 것을 우려한 마윈이 이베이의 상승세를 늦추기 위한 수단으로 타오바오를 출범한 것이었다. 그러나 타오바오는 이베이의 현재 고객을 빼앗는 대신—이베이의 뛰어난 실적을 고려할 때 이는 결코 쉬운 일이 아니었다—인터넷 쇼핑이라는 아이디어는 좋아하지만 실제 구매를 망설이는 소비자 그룹인 잠재 고객near customer에 초점을 맞추었다.

타오바오의 모든 서비스는 이러한 잠재 고객을 대상으로 진행되었다. 이 사이트는 에스크로 서비스인 알리페이를 제공하여 불안한 고객들이 판매자가 실제로 제품을 배송한 경우에만 결제가 진행되도록 했다. 알리바바의 대외홍보 담당 부사장이었던 포터 에리스먼Porter Erisman은 "알리페이는 타오바오의 발전에 매우 중요한 역할을 했습니다. 구매자가 높은 평점을 받은 판매자를 만나더라도 신뢰가 부족하니 구매를 결정하기 쉽지 않습니다. 그런데 알리페이가 결제 리스크를 제거했죠. 결제 메커니즘 자체는 중요하지 않습니다. 중국에서는 결제 자체는 간편하지만 은행은 결제 리스크를 해결하지 못합니다. 이것이 바로 알리페이가 등장한 이유입니다."[3]

알리페이의 두 번째 핵심 기능은 망설이는 구매자가 판매자와 대화하며 더 나은 가격을 흥정할 수 있게 해주는 인스턴트 메시지 서비스인 왕왕Wang Wang이었다. 타오바오의 웹사이트 디자인도 처음에는 이베이의 미국 사이트를 모방했지만 나중에는 실제 백화점 배치와 비슷해졌고, 고객들은 친숙한 환경에서 편안함을 느끼게 되었다. 또한 타오바오는 판매자가 국가신분증을 사용하여 사이트에 등록하도록 하여 구매자에게 판매자의 실제 신원을 확인할 수 있도록 했다. 기술에 정통한 온라인 쇼핑 얼리어답터를 타깃으로 삼은 이베이와 달리, 타오바오는 아직 시장에 진입하지 않은 잠재 고객층에 초점을 맞췄다.

그 결과 타오바오의 잠재 고객 그룹은 이베이 고객보다 훨씬 빠르게 성장했다. 2007년까지 이베이의 시장점유율은 7%로 떨어졌고 타오바오의 시장점유율은 84%에 달했다. 시장의 선두자리에 대한 희망이 꺾인 이베이는 2006년에 중국 시장을 완전히 포기하고 만다.

물론 나는 당신 회사가 고객과 밀접한 관계를 맺고 있다는 것을 의심하지 않는다. 성공한 모든 기업은 그렇게 한다. 인터넷은 기업이 고객의 모든 단계를 추적하고 고객을 깊이 이해할 수 있는 능력을 제공한다. 또한 당신 회사는 경쟁 기업의 고객에 대해서도 꽤 많이 알고 있을 것이다. 특히 경쟁사에 관한 정보보고서는 다른 곳에서 쇼핑하는 잠재 고객을 포함하여 전체 시장의 큰 그림을 이해할 수 있도록 도와준

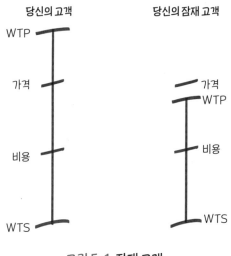

그림 5-1. 잠재 고객

다. 하지만 현재 시장에서 활동하지 않는 개인(또는 기업)에 대해서는
얼마나 알고 있을까? 그들이 당신의 제품을 절대 구매하지 않을 것이
라는 말은 정말 사실일까? 단지 작은 변화만으로 이들을 고객으로 전
환할 수 있지 않을까?(그림 5-1)

대부분의 관리자들은 시장에 존재하지 않는 소비자에 대해서는 거
의 관심을 기울이지 않는다. 일단 공략 가능한 시장이 지정되면 가능성
없는 잠재 고객을 쫓느라 시간을 낭비할 필요가 없다는 것이 일반적인
생각이다. 하지만 타오바오의 성공 사례에서 알 수 있듯이 매력적인 비
즈니스 기회는 우리가 쉽게 지나치는 아주 가까운 고객층에 숨어 있을
수 있다. 이러한 고객층이 난공불락처럼 보이는 이유 중 하나는 잘못
된 인식 때문이다. WTP와 고객 만족도는 어떤 사실과 수치가 아니라
의견과 인상을 반영한다는 점을 잊어서는 안 된다. 잠재 고객이 잘못

된 견해를 가지고 있다면 제품이나 서비스에 대한 실제 수요를 파악하기 어렵다. 생명보험을 예로 들어보자. 미국에는 생명보험에 가입하지 않은 사람이 상당히 많다. 소득의 많고 적음이 보험 가입 여부를 결정한다고 생각하기 쉽지만 여기에는 약간의 진실, 그리고 훨씬 더 복잡한 현실이 숨어 있다.(그림 5-2)[4]

연 소득이 12만 5,000달러 이상인 가구 중에도 41%는 생명보험에 가입하지 않았다. 그 근본 원인은 대개 잘못된 인식 때문인 경우가 많다. 예를 들어 밀레니얼 세대의 44%와 전체 인구의 4분의 1은 건강한 30세의 경우 연간 보험료가 1,000달러 이상(실제 비용은 160달러)이라고 생각한다. 또한 밀레니얼 세대 10명 중 거의 4명은 자신이 보험

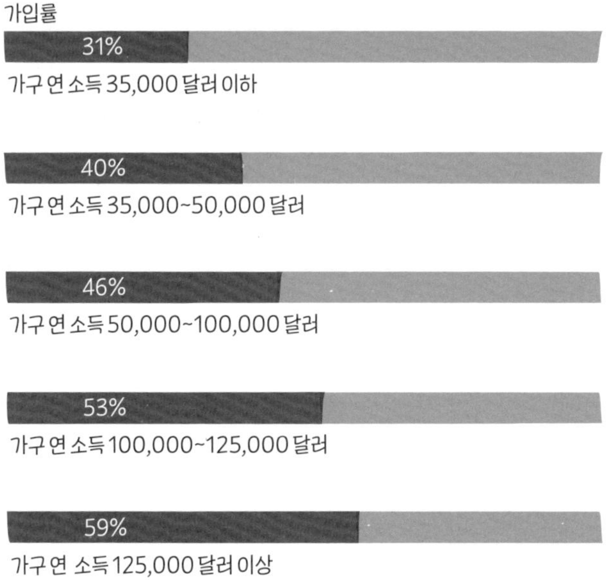

가입률

31%
가구 연 소득 35,000 달러 이하

40%
가구 연 소득 35,000~50,000 달러

46%
가구 연 소득 50,000~100,000 달러

53%
가구 연 소득 100,000~125,000 달러

59%
가구 연 소득 125,000 달러 이상

그림 5-2. 미국 가구별 생명보험 가입률

혜택을 받을 수 없을 것이라고 생각한다.(실제로는 젊은층이 보험에 가입될 가능성이 훨씬 높다.) 그리고 50% 이상은 어떤 유형의 생명보험에 얼마나 가입해야 할지 모른다고 답했다.[5] 이와 같은 오해는 악순환을 초래하기 쉽다. 잠재 고객이 거의 관심을 보이지 않으면 마케팅 캠페인이나 보험 영업사원들도 그들에게 다가갈 가능성이 낮기 때문에 오해는 계속된다. 실제로 생명보험에 대한 이해가 부족한 사람들 중 압도적인 다수는 보험회사로부터 단 한 번도 보험 가입을 권유받은 적이 없다고 답했다.

물론 시장에 없는 모든 고객이 다 매력적인 타깃은 아니다. 상품을 절대 구매하지 않을 고객부터 가장 충성도가 높은 그룹까지 다양한 고객층이 있다고 생각하면 된다.(그림 5-3) 잠재 고객은 WTP가 구매에 필요한 수준에 상당히 근접한 고객이다. 이 그룹의 WTP 결정 요인을 이해하면 상당한 기회를 발견할 수 있을 것이다.

당신의 제품 시장에는 왜 잠재 고객이 없을까? 그들이 제품 가치를 제대로 인식하지 못하는 것일까? 제품을 어떻게 변화시키면 그들의 WTP를 높이고 구매자로 전환시킬 수 있을까?

그림 5-3. 고객과 잠재 고객

고객 여정을 연구해 보면 잠재 고객이 제품을 구매하지 않는 이유를 알 수 있는 경우가 많다. 예를 들어 사람들이 온라인 쇼핑을 포기하는 이유를 알면 WTP를 높일 수 있는 여러 가지 방법을 생각해 낼 수 있다. 그림 5-4에서 볼 수 있듯이 배송 주소 정보를 자동으로 입력하는 간단한 기능만으로도 커다란 차이를 만들 수 있다.[6]

그림 5-4는 또한 잠재 고객에게 서비스를 제공하는 것이 복잡하고 비용이 많이 들지도 모른다는 것을 알려준다. 물론 신속한 배송과 신용카드 정보의 안전한 보관은 결코 사소한 문제가 아니다. 그러나 잠재 고객의 취향에 맞추는 것이 항상 복잡하고 비용이 많이 든다는 일반적인 생각은 잘못된 것이다. 시중에서 판매되는 와인셀러를 생각해 보자.

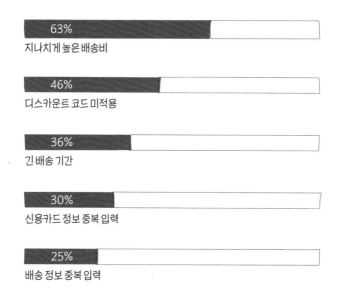

그림 5-4. 온라인 쇼핑을 하지 않는 주요 이유

1976년 와인 애호가들이 설립한 프랑스 회사 유로까브_EuroCave_는 와인 셀러의 선도적인 생산업체다. 이 회사 제품은 결코 평범하지 않다. 고정밀 센서는 완벽한 온도를 보장하고 엄격한 습도 조절 기능은 코르크 마개가 마르는 일이 없도록 하며 단열재는 거의 2미터 지하와 동등한 단열 효과를 제공한다.

중국의 가전제품 제조업체 하이얼_Haier_이 와인셀러 시장에 진출하자 전문가와 와인 애호가들은 성공에 회의적이었다. 하이얼 제품이 장기 보관이라는 까다로운 요구 사항을 충족할 수 있을까? 초창기에는 그렇지 않았다. 실망한 한 고객은 이렇게 불만을 털어놓았다. "하이얼 와인셀러를 약 4년 동안 사용했는데 수집했던 와인을 모두 버렸습니다. 왜냐고요? 진동 때문이죠. 와인을 한 병씩 꺼내 마시려다가 와인이 변질되었다는 것을 발견한 후 그 이유를 조사하기 시작했습니다. 처음에는 온도가 일정치 않았기 때문이거나 틴티드 글라스에 자외선 차단 기능이 없어서 그럴 수도 있다고 생각했습니다. 하지만 진동을 테스트해 보니 결론이 나왔습니다. 상당한 진동이 있더군요. 저는 60병 이상의 프리미엄 와인을 잃어버렸으니 여러분은 저와 같은 실수를 반복하지 않기를 바랍니다."[7]

테스트 결과 유로까브의 와인셀러가 경쟁사 제품보다 진동 수준이 6배나 낮은 것으로 나타났다. 그러나 놀랍게도 하이얼의 와인셀러는 상업적으로 큰 성공을 거두어 현재 시장점유율이 20%에 육박한다.* 소중한 와인을 망칠 수 있는 진동 셀러를 과연 누가 구매할까?

---

* 하이얼은 콤프레서가 장착된 일반 와인셀러와 열전기 냉각 장치가 장착된 좀 더 작은 와인셀러를 동시에 생산한다. 소형 셀러는 와인을 장기 보관하는 데 이상적인 낮은 온도를 유지하는 기능이 다소 부족하다.

답은 간단하다. 하이얼 제품은 와인을 빨리 소비하는 고객에게 어필했던 것이다. 유로까브의 셀러는 와인 수집가에게 최적화된 제품으로서 일반 소비자에게는 거의 가치 없는 (고가의) 기능을 제공한다. 그러나 평균 68병을 보관하는 프랑스에서도 전체 와인의 40% 이상은 단기간 내에 소비된다.[8] 와인 숙성이 익숙하지 않은 다른 국가에서는 잠재 고객이 더 큰 기회를 제공한다. 우리는 본능적으로 잠재 고객을 확보하기 위해 더 많은 것을 제공해야 한다고 생각하지만 하이얼(및 다른 많은 기업)은 더 적은 것을 제공함으로써 성공을 거두었다.

잠재 고객을 염두에 두고 한 분야에서 성공하고 싶다면 우선 다음과 같은 질문을 던져보자.

- **일부 개인들이 왜 당신 회사의 제품이나 서비스를 고려하지 않는지에 대해 깊이 이해하고 있는가?** 잠재 고객은 중요한 비즈니스 기회가 될 수도 있지만 일반적으로 접근 가능한 시장 분석이나 기존 마케팅 전략은 이들에 대한 정보를 거의 제공하지 않기 때문에 그냥 넘어가기 쉽다.
- **혹시 고정관념 때문에 당신의 회사가 잠재 고객에 대해 더 많은 것을 배우지 못하는 것은 아닐까?** 특정 집단에 대한 부정확한 믿음은 흔히 볼 수 있는 일이며, 이는 잠재 고객의 비즈니스 잠재력을 쉽게 가려버릴 수 있다.[9]
- **잠재 고객에게 서비스를 제공하려면 제품이나 서비스에 상당한 투자가 필요하다고 생각하는가?** 하이얼의 사례에서 알 수 있듯이 적은 비용으로도 충분히 매력적인 서비스를 제공할 수 있다. 이런 고객은

당신의 회사가 속해 있는 업종과 브랜드를 처음 접하는 고객이라는 점을 명심하라. 일반적으로 단순하게 유지하는 것이 유리하다.[10]

- **당신 회사의 보상 시스템이 잠재 고객과의 상호작용을 방해하고 있지는 않은가?** 빠른 성과만 강조하면 당장은 성공을 견인하겠지만 잠재 고객과의 기회를 놓칠 수 있다. 보상 시스템이야말로 당신 회사가 잠재 고객에 대한 투자를 결정하는 요소다.

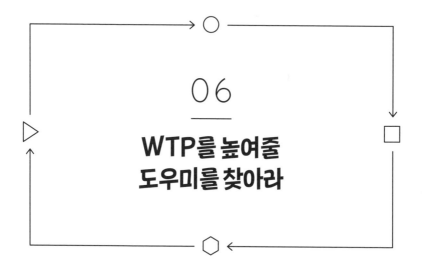

자동차 보완재로 승부를 본 미슐랭

파리 여행을 계획하고 있는데 하루 저녁은 멋진 레스토랑에서 시간을 보내고 싶다고 가정해 보자. 어디로 가야 할지 어떻게 알 수 있을까? 친구에게 물어볼까? 라푸셰트La Fourchette나 르푸딩Le Fooding을 검색해야 할까? 트립어드바이저Tripadvisor나 이터Eater를 검색할까? 하지만 최고의 장소에 가고 싶다면 자동차 타이어 제조업체에 물어봐야 할 것이다. 그렇다, 자동차 타이어다! 나는 물론 미슐랭과 그 유명한 레스토랑 가이드를 떠올리고 있다. 하지만 이상하지 않나? 타이어를 생산하는 회사가 어떻게 영향력 있는 레스토랑 평가 시스템을 만들게 되었을까? 미슐랭은 도대체 왜 그 가이드를 가지고 있을까?

이를 알아보기 위해 시간을 거슬러 올라가 1891년 어느 따뜻한 여름날 미슐랭의 두 형제 에두아르Edouard와 앙드레Andre를 만나보자.[1] 그들의 고객 중 한 명인 그랑 피에르Grand Pierre가 벨로시페드(체인이 없는 형태의 초기 자전거–옮긴이)를 타고 프랑스 중부 도시 클레르몽페랑에 있는 에두아르의 작업장에 들어섰다. 작업장에는 스페어 타이어가 몇 개 있었지만 두 형제는 타이어나 타이어 사업에 대해 잘 알지 못했다. 당시 미슐랭이 생산하는 유일한 고무 제품은 마차용 브레이크 슈뿐이었다. 벨로시페드를 살펴본 형제는 이 자전거가 영국에서 새로 개발된 공기압 타이어를 사용한다는 사실을 바로 알아챘다. 19세기 열악한 도로 상황으로 인해 공기가 채워진 타이어는 지면의 충격을 흡수하여 운전이 훨씬 편해지므로 모든 운전자의 소망이었지만 동시에 악몽이기도 했다. 이 타이어는 뻑 하면 펑크가 나기 때문이다!

에두아르가 벨로시페드 타이어를 교체해 보니 쉬운 일이 아니었다. 타이어가 바퀴의 나무 테두리에 접착되어 있었기 때문에 이를 교체하는 데만 몇 시간이 걸렸다. 에두아르는 접착제가 마르도록 밤새 벨로시페드를 보관했다가 다음 날 공기 타이어로 타는 것이 어떤 느낌인지 알아보기 위해 벨로시페드에 올라타 보았다. 하지만 몇 분 후 그는 작업장으로 돌아왔다. 타이어가 다시 펑크가 난 것이다. 이 경험을 떠올리며 에두아르는 두 가지를 배웠다고 말한다. "첫째, 타이어는 미래의 주인공이 될 것입니다. 둘째, 그랑 피에르의 자전거 타이어는 형편없습니다." 그는 수석 엔지니어에게 "공기 주입 타이어는 앞으로도 계속 사

용되겠지만 전문가를 부르지 않고 15분 안에 튜브를 교체할 수 있는 방법을 찾아야 한다."고 말했다.[2]

그리고 그들은 성공했다. 미슐랭이 초기 공기압 타이어 산업에 기여한 가장 큰 업적은 접착제 대신 너트와 볼트를 사용하여 타이어를 제자리에 고정하는 설계로 타이어 교체 시간을 몇 시간에서 몇 분으로 단축한 것이었다. 이 형제는 신제품을 홍보하기 위해 파리에서 클레르몽페랑까지 자전거 경주를 기획했다. 에두아르는 네베르 외곽 도로에 못을 뿌려놓아 펑크 난 미슐랭 타이어를 교체하는 것이 얼마나 쉬운지 모든 선수들이 체험하도록 했다.[3] 한 유명 스포츠 잡지에서 형제는 "이 레이스가 끝나면 못은 타이어가 절대 극복할 수 없는 장애물이라고 말하는 사람이 없길 바랍니다. 적어도 공기 충전 미슐랭 타이어에는 말입니다."라고 말했다.[4]

타이밍은 절묘했다. 공기압 타이어는 자전거를 타는 사람들 사이에서 인기를 끌었을 뿐 아니라 초기 자동차 애호가들 사이에서도 열렬한 고객을 확보했다. 1898년 미슐랭은 볼레, 드디옹&부통, 푸조, 판하드&레바소르 같은 당시 주요 자동차 제조업체의 독점 공급업체가 되었다. 하지만 형제에게는 한 가지 중요한 문제가 있었다. 자동차 시장이 너무 작아 회사의 성장 가능성이 제한적이었던 것이다. 당시만 해도 자동차 운전은 스포츠로 여겨져서 사람이나 짐을 실어 나르는 것이 아니라 흥미진진한 레이스를 펼치는 역할에 그쳤다. 1900년 프랑스 내 운전자는 5,600명에 불과했지만 자동차 만드는 회사는 619개에 달했다. 수작업으로 만드는 자동차는 아직 대중적인 시장이 형성되지 않아 부유층의 취미에 불과했다. 제한된 수요에 직면한 미슐랭 형제는 운전을 장려하고 자동차 사용을 확대하는 것을 최대 목표로 삼았다. 이렇게 해서 그 유명한 미슐랭 가이드 아이디어가 탄생했다. 1900년에 처음 발간되었을 당시 미슐랭 가이드에는 수백 개의 지도가 포함되어 있었다. 형제는 운전자가 어디로 가야할지, 도로를 따라가며 무엇을 즐길 수 있는지 안다면 자동차가 더 유용해질 것이라고 생각했다.[5]

다른 제품에 대한 WTP를 높여주는 제품과 서비스를 보완재complements라고 한다. 이렇게 (간과하기 쉬운) 도우미는 지금까지 만들어진 거의 모든 제품의 WTP에 크게 기여한다. 도로, 주차장, 주유소, 정비소, GPS, 운전학원 등 보완재가 없다면 자동차의 가치는 훨씬 떨어질 것이다.(그림 6-1)

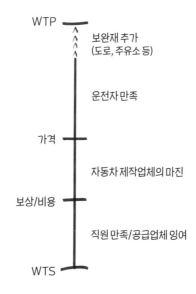

그림 6-1. 자동차의 보완재

'미슐랭 가이드'의 목적은 자동차와 타이어와 관련된 보완 제품의 가용성과 가격에 대한 종합적인 정보를 제공하는 것이었다. 지도에는 어떤 도로가 포장되어 있는지('단조로운' 도로와 '그림 같은' 도로를 별도로 표시했다.), 주유소는 어디 있는지(1900년 프랑스에서 휘발유를 판매하는 가게는 4,000개 미만이었고 대부분은 약국이었다.), 충전소를 찾는 방법(당시에는 배터리를 자주 충전해야 했다.), 믿을 만한 수리점(물론 모두 미슐랭 타이어를 취급한다.), 맛있는 음식(당연히 별표!)과 숙박할 곳이 표시되어 있었다. 미슐랭은 또한 정부에 도로 표지판을 설치하도록 로비를 벌였고 회사 직원들이 직접 표지판을 설치하기도 했다.[6]

보완재의 중요성은 아무리 강조해도 지나치지 않다. 이들이 없었다면 많은 제품과 서비스의 WTP는 훨씬 낮았을 것이며, 때로는 0에 가까웠을 수도 있다. 스마트폰과 애플리케이션, 프린터와 카트리지, 커피머신과 캡슐, 전자책과 태블릿, 면도기와 면도날, 샌들과 페디큐어, 전기차와 충전소, 수프와 그릇, 칩과 살사 소스, 왼쪽 신발과 오른쪽 신발, 두 번째 젓가락 등 보완재는 도처에 존재한다. 에두아르의 상상 속에서는 못도 공기압 타이어의 보완재로 사용되었다.* 이제 여러분의 비즈니스에 대해 생각해 보라. 당신 회사의 제품과 서비스에 어떤 보완재가 있어야 WTP를 높일 수 있을까?

미슐랭이 전혀 관련 없어 보이는 여행 가이드 산업에 진출한 것은 흔히 볼 수 있는 일이었다. 그 산업이 보완재를 생산했기 때문이다. 가전제품 전문 기업이 아닌 아마존이 킨들을 생산한 이유는 무엇일

---

* 실제로 못을 사용한 것은 매우 영악한 행위였다. 못은 일반적으로 타이어에 대한 지불 의사를 낮추었지만 쉽게 교체할 수 있는 미슐랭 타이어의 경우는 그렇지 않았기 때문에 이 회사에 경쟁 우위를 제공했다.

까?(전자책의 WTP를 높이고 싶었기 때문이다.) 금융 서비스 회사가 아닌 알리바바가 알리페이를 만든 이유는 무엇일까?(알라바바는 알리페이 에스크로 서비스를 통해 신뢰를 쌓고 플랫폼에서 거래할 수 있도록 구매자의 WTP를 높였다.) 엔터테인먼트 회사가 아닌 마이크로소프트가 마인크래프트 비디오 게임에 투자한 이유는 무엇일까?(가상현실 헤드셋의 WTP를 높이기 위해서였다.) 던킨도너츠가 커피를 판매하는 이유는 무엇일까?(이제는 알겠지?)

특히 제품의 WTP를 구체적으로 높일 수 있다면 보완재 효과는 더욱 강력하다. 애플의 페이스타임 애플리케이션은 아이폰의 WTP를 높이지만 안드로이드 기기에는 적용되지 않아 애플에만 유리하다. 네스프레소 캡슐은 네스프레소 호환 커피 머신의 가치를 독점적으로 향상시킨다. 테슬라 슈퍼차저는 테슬라 자동차에만 전력을 공급한다.[7]

이러한 독점에는 두 가지 효과가 있다. 독점은 해당 기업의 제품 전체에 대한 WTP를 높이지만—테슬라 운전자들은 광범위한 충전 네트워크의 혜택을 누렸다—전기 차량의 보급을 늦추는 효과도 있었다. 반면에 '미슐랭 가이드'는 모든 타이어 생산업체에 도움이 되었다. 미슐랭은 시장점유율이 70%에 육박하였으므로 이 보완재를 생산할 강력한 동기가 있었다. 하지만 미슐랭의 가장 가까운 경쟁사인 던롭DUNLOP과 콘티넨탈Continental도 이 가이드의 혜택을 누렸다. 독점권 결정은 신흥 산업 및 제품 카테고리에서 특히 중요하다. 어떻게 하면 회사가 가장 큰 이익을 얻는지 스스로에게 물어보자. 산업을 성장시키고 싶다면—높은 파도는 모든 배를 띄워 올린다—비독점이며 업계 전체에 통하는 보완 제품이 당신 회사의 요구에 가장 잘 맞는다. 하지만 시장점유율을 증가시키는 것이 목표라면 독점적인 보완 제품이 더 효과적이다.

당신 회사는 후자로 가고 싶은가? 그렇다면 독점성을 깨고 업계 전반에 보완 기능을 만들어 가치를 창출하는 기업들을 조심해야 한다. 예를 들어 현재 아프리카에서 가장 가치 있는 핀테크 기업 중 하나인 나이지리아의 디지털 결제 회사 인터스위치Interswitch는 여러 은행의 ATM과 지점을 연결하여 비즈니스를 구축했다. 계좌에 더 편리하게 액세스할 수 있게 되자 고객 만족도가 크게 높아졌고 더 이상 많은 현금을 들고 다닐 필요가 없어졌다. 또한 상호 연결된 ATM은 은행 서비스에 대한 전반적인 수요를 증가시켜 은행 수익성에도 기여했다.[8] 그러나 모든 은행이 동일한 혜택을 누린 것은 아니다. ATM을 가장 많이 보유한 금융 기관은 상호 연결이 가능해지자 경쟁 우위를 잃었다. 인터스위치를 설립한 미첼 엘레그브Mitchell Elegbe는 어떻게 대형 업체들까지 자신의 네트워크에 참여하도록 설득했을까? 바로 자신이 창출한 가치를 공유했기 때문에 가능했다. "인터스위치는 제 아이디어였지만 소유권은 일부 포기했습니다."라고 그는 말한다. "조직 전체를 소유하는 것보다 비전이 실현되는 것을 보는 것이 더 중요했습니다."[9]

미슐랭 사례에서 알 수 있듯이 보완재는 새로운 현상이 아니다. 하지만 지난 수십 년 동안 기업들은 보완재를 통한 가치 창출 방법을 점점 더 정교하게 발전시켜 왔다. 이제 최고 기업들이 보완재 효과를 어떻게 발견하고 가격을 책정하고 측정하는지 설명하겠다.

보완재 발견하기

기업들은 종종 정해진 제품 및 서비스에 집중하라는 조언을 받곤 한다. 물론 일반적으로 이것은 좋은 조언이다. 새로운 사업에 진입하는 것은 어려운 일이며 전문 지식을 보유한 회사와 협업하는 것이 모든 걸 처음부터 시작하는 것보다 낫다. 하지만 이 말이 제품의 WTP를 높이는 데 도움이 되는 요소를 간과해도 된다는 의미는 아니다. 4장에서는 아마존이 킨들에 무선 기능을 통합하여 전자책 단말기 시장에서 어떻게 소니를 이겼는지 살펴보았다. 그리고 나는 여러분에게 좀 더 일반적으로, 현재의 제품 판매가 아니라 고객의 WTP에 집중하라고 권장했다. 이제 나는 여러분에게 훨씬 더 시야를 넓혀 사업과 완전히 관련 없어 보이는 여러 보완재도 고려 대상에 포함시켜 보기를 권한다.

내 강의에서 보완재 개념을 소개할 때 나는 수강생들에게 어떻게 하면 영화 관람 경험에 대한 WTP를 높일 수 있는지 물어본다. 가장 많이 나온 제안은 더 안락한 좌석 설치, 음향 개선, 온라인 좌석 예약 활성화 등이다. 하지만 이러한 아이디어는 모두 경험 자체에 대한 WTP를 향상시킨다. 이것이 우리가 가치 창출에 대해 생각하는 방식이다. 단지 영화 관람이라는 상품 자체를 더 매력적으로 만드는 데 집중한다는 이야기다. 보완재를 말해보라고 하면 종종 팝콘이나 주류에 대해 이야기하는 사람이 있기는 하지만 주차 문제를 언급하는 사람은 거의 없다.

이런 반응에서 내가 깨달은 사실은 보완재를 발견하는 것이 쉽지 않다는 것이다. 보완점이 중요하다는 것은 알지만 이를 발견하는 게 그리 간단하지 않다는 것이다. 예를 들어 애리조나에 본사를 둔 영화관 체인

하킨스 시어터Harkins Theatres를 생각해 보자. 하킨스는 부모가 베이비시터를 구하지 않고도 영화를 볼 수 있도록 고객들에게 아이 돌봄 서비스를 제공한다. 하킨스의 플레이센터에는 부모가 영화를 즐기는 동안 아이들을 돌봐주는 숙련된 돌봄 인력이 배치되어 있다. 부모에게는 호출기가 주어져 긴급 상황 시 연락할 수 있다. 하킨스는 이 매력적인 보완재를 어떻게 발견했을까? 바로 자기 성찰 덕분이었다! 이 회사의 CEO 마이크 바워스Mike Bowers는 "2001년에 첫 번째 플레이센터를 열었습니다. 그 당시 저의 세 아이가 아주 어려서 영화업계의 임원인 저조차도 원할 때 바로 영화를 보러 갈 수 없었습니다. 그러자 이런 의문이 생기더군요. '나 같은 처지에 있는 사람이 몇 명이나 될까? 내가 영화관에 자유롭게 갈 수 없다면 나와 같은 처지에 있는 다른 사람들도 과연 갈 수 있을까?'"[10]라는 의문에서 돌봄 서비스가 시작되었다고 말했다.

부모는 플레이센터에 아이를 맡기려면 8.50달러(어린이 영화 티켓 가격)를 지불해야 한다. 바워스는 이 서비스의 손익분기점에 대해 이렇게 설명한다. "고려해야 할 요소가 많습니다. 부모가 극장에 올 때 얼마를 지출하는가? 얼마나 자주 오는가? 얼마나 많은 다른 친구들을 데려오는가? 플레이센터는 그런 편의시설이란 의미입니다. 즉 고객에게 그런 '공동체 의식'을 제공합니다. 플레이센터를 이용하지 않는 고객도 플레이센터를 높이 평가합니다. 극장 안 그 누구도 아이들이 상영을 방해할까 걱정할 필요가 없습니다. 플레이센터는 관객들의 충성도를 높이고, 더 넓게는 관객들을 기분 좋게 합니다."

하킨스는 운이 좋게도 자신의 개인적인 경험을 바탕으로 돌봄 서비스가 영화 관람의 소중한 보완책이라는 사실을 파악할 수 있었다.

보완재를 발견하기 위한 다른 기법으로는 상세한 소비자 여정 분석과 포커스 그룹focus group(소수의 참가자를 대상으로 하는 그룹 인터뷰-옮긴이)이 있다. 고객이 기업과 상호 작용하기 전에 무엇을 하는지 물어보는 것이 도움이 되는 경우가 많다. 더 이상 진행하기 어려운 단계가 있는가? 많은 고객이 포기하는 순간이 있는가?

하킨스의 돌봄 서비스는 보완재의 전형적인 특징을 많이 보여준다. 다른 상품(영화 관람)의 WTP를 높이고 한 서비스(아이 돌봄)에서 다른 서비스(매점의 매상, 티켓 수익)로 가치를 전환할 수 있게 해준다. 이제 여러 제품 및 서비스 사이에서 경쟁하는 방법을 자세히 살펴보자.

보완재와 WTP의 메커니즘

2010년대 초반에 재생 에너지 업계는 엄청난 변화를 경험했다. 불과 몇 년 사이에 태양광 전지 가격이 급락하자 태양광 에너지 경쟁력이 이전보다 훨씬 높아졌다.(그림 6-2) 주거용 시스템의 경우 설치 용량 1킬로와트 가격은 2010년 7,045달러에서 2013년 3,054달러로 떨어졌으며[11] 상업용인 경우는 그보다 훨씬 더 낮은 비용으로 가능했다.

전지 효율 향상, 대규모 설치, 규모의 경제 모두 엄청난 가격 하락에 기여했다.[12] 데이터를 자세히 살펴보면 흥미로운 패턴을 발견할 수 있다. 태양광 시스템의 비용은 크게 모듈 비용과 전문가들이 소프트 코스트라고 부르는 설치 비용, 허가 비용, 세금 등으로 나누어진다.[13] 하드웨어 비용은 급격히 하락했지만 소프트 코스트 가격은 오히려 상승(또

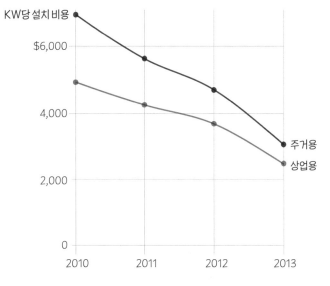

그림 6-2. 미국의 태양광 발전 설치 비용

는 주거용 애플리케이션인 경우 안정적인 가격 유지)했기 때문에 태양광 패널을 설치하는 회사가 수익을 창출할 수 있었다.[14]

그림 6-3에서는 심오한 전략적 함의를 지닌 메커니즘을 볼 수 있다. 물론 태양광 패널과 설치 서비스는 보완재다. 보완재 가격이 하락할 때마다 상대 제품의 WTP는 증가한다.** 이 예에서는 태양광 패널의 가격이 저렴해지면서 설치 서비스의 WTP가 상승하여 태양광 설치업체가 마진을 늘릴 수 있었다.(그림 6-4)

여러분은 이미 이 메커니즘이 작용하는 많은 사례를 잘 알고 있다. 휘발유 가격이 내려가면 소비자들은 더 큰 자동차를 구매한다. 무료

** 사실은 이것이 보완재의 공식적인 정의라 할 수 있다. 한 제품의 가격이 떨어졌을 때, 다른 제품의 WTP가 올라간다면 두 제품은 보완재 관계에 있다.

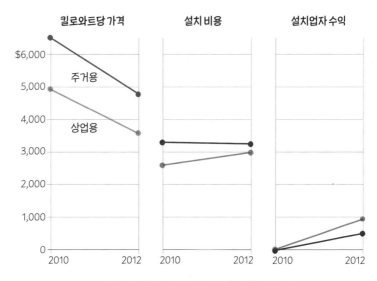

그림 6-3. 태양광 설비업자의 비용과 수익

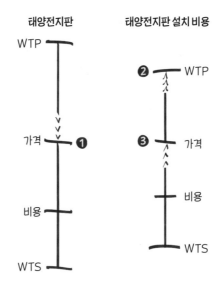

그림 6-4. 보완재의 가격 작용 원리

(또는 저렴한) 애플리케이션이 많다면 스마트폰에 수백 달러를 지출해도 상관없다. 인터넷에서 녹음된 음악을 무료로 이용할 수 있게 되자 콘서트 가격은 빠르게 상승했다.[15] 이 모든 사례에서 보듯 한 제품의 가격이 하락하면 보완재의 WTP는 상승한다. 업계에서는 일반적으로 가격 하락을 나쁜 소식으로 간주하는데, 가격 압박이 심해지면 수익을 내기 더 어려워지기 때문이다. 그러나 이러한 관점이 100% 맞는 것은 아니다. 실제로 일어나는 일은 더 복잡하다. 가격이 하락하면 가치가 이동한다. 즉 가격이 하락한 원래 제품에서 보완재로 이동한다는 뜻이다.

친구이자 적인 보완업체

2019년 초 음악 스트리밍 업체 스포티파이spotify의 CEO 다니엘 에크Daniel Ek는 불쾌하고 씁쓸한 내용의 편지를 받았다. 이 편지는 작곡가 및 프로듀서 그룹이 보낸 것으로서 그 내용은 음악저작권협회Copyright Royalty Board가 작가들에게 부여한 관대한 저작권료를 철회하려는 스포티파이의 시도에 대해 불만을 토로하는 것이었다. "당신은 작곡가 협업팀을 만들고 작곡가 커뮤니티에 스포티파이를 끌어들였습니다. 당신은 우리가 현대 음악 산업을 함께 구축하기 위해 노력하고 있다고 느끼게 해준 유일한 공급자입니다. 이제 작곡가를 지원한 진짜 이유를 알 수 있습니다. 당신은 우리를 이용하고 우리를 분열시키려 했습니다."[16]

작곡가들이 스포티파이와의 관계를 잘못 이해한 탓에 작곡가들의 협업은 실망으로 끝났다. 사실 작곡과 스트리밍은 서로 보완적인 관계다.

스트리밍 기술을 통해 수백만 명이 음악을 들을 수 있을 때 작곡 능력이 더 가치 있어지며, 스포티파이는 대중음악을 쉽게 듣도록 해주기 때문에 이로 인해 이익을 얻을 수 있게 된다. 하지만 보완하는 업체는 친구가 아니다. 보완업체는 공동으로 가치를 창출하기 때문에 서로를 인정할 뿐이다. 때로는 그 가치를 공유하는 방법을 놓고 다투기도 한다. 예를 들어 스포티파이는 매년 신예 작곡가들을 소개하는 행사 시크릿 지니어스 어워드Secret Genius Awards를 개최한다.[17] 이 행사는 무대에 설 기회가 거의 없는 재능 있는 작가들에게 멋진 이벤트이며, 스포티파이에는 훌륭한 홍보가 된다. 이것이 바로 관계의 가치 창출 부분이다. 하지만 작가들이 친근한 스포티파이를 통해 새롭게 얻은 유명세를 쉽게 현금화할 수 있을 것이라고 생각했다면 큰 오산이다. 작가들이 더 높은 로열티를 요구하자 회사는 강하게 반발했다. 우리는 이들의 분쟁에서 공통의 가치 풀에서 서로의 몫을 차지하기 위해 경쟁하는 모습을 볼 수 있다.

사실 스포티파이가 유별나게 탐욕스럽지는 않았다. 보완업체는 항상 파트너로부터 더 많은 가치를 확보하려고 노력한다. 인텔은 윈도우가 더 저렴해지기를 원하고 소니는 비디오 게임 제작사 간에 벌어지는 가격 경쟁을 좋아한다. 보트 제조업체는 돛 가격이 하락하면 이익을 얻으며 자동차 제조업체는 자동차 보험료가 떨어지기를 바란다. 보완업체는 가치를 창출하기 위해 협력한다는 점에서는 친구지만 서로 상대방의 제품 가격을 낮추려고 한다는 점에서는 적이다.

보완업체 간의 싸움에는 기업과 공급업체 간의 일반적인 협상보다 더 많은 것이 걸려 있다. 숙련된 협상가가 10% 할인된 가격으로 제품을 조달하는 데 성공하면 회사는 할인된 가격만큼 이득을 본다. 하지만 보완재 가격을 낮추는 데 성공하면 두 가지 일이 발생한다. 우선 할인을 받는 만큼 이익을 얻고, 그 결과 제품의 WTP가 상승하여 가격을 좀 더 유연하게 책정할 수 있다. 그러니 보완 제품 간의 분쟁이 특히 가열되는 것이 당연하지 않은가?

당신의 회사 조직에서 보완업체의 중요성을 깨달을수록 이 업체와 함께 일하는 것이 감정적으로 힘들 수 있다는 점을 잊어서는 안 된다. 그들이 가치를 창출하는 것을 보고 씁쓸함과 실망감을 느끼면 다음 협업 기회를 찾기가 더 어려워질 수도 있다. 하지만 동시에 보완업체를 친구로 여기는 순진한 태도를 가지면 가치를 창출하는 보완업체로부터 회사를 보호하지 못하는 사태가 발생할 수 있다. 보완업체와의 관계에서 미묘한 감정적 균형을 유지해야 성공적인 경영자로 남을 수 있다. 즉 협업 가능성에 대해서는 낙관적인 태도를 유지하면서도 파이를 공유해야 할 필요성에 대해서는 현실적인 태도를 취해야 한다.(필요에 따라 싸우기도 한다.)

보완재를 통해 수익을 전환하는 방법

일부 기업들은 적이자 친구인 보완업체에 대해 걱정할 필요 없이 자체적으로 보완재를 제공한다. 미슐랭은 타이어와 '미슐랭 가이드'를 만들며 질레트는 면도날과 면도기를 제조한다. 애플은 휴대용 기기와 아이튠즈를 만들었다. 어떤 기업들은 자신만의 보완재를 활용해 핵심 서비스를 차별화하기도 한다. 예를 들어 인도의 차량 공유업체 올라 캡스Ola

Cabs는 여러 형태의 지불 옵션을 제공한다. 그중에는 올라머니OlaMoney 를 이용한 선불 및 후불 결제 옵션(고객이 격주로 모든 앱 내 구매 비용을 지불)과 병원 이동 및 퇴원 후 비용을 지불하는 올라머니 호스피캐시OlaMoney Hospicash 등이 있다. 이런 회사들이 가진 중요한 전략적 이점은 바로 한 보완재에서 다른 보완재로 이익을 전환할 수 있다는 점이다. 질레트의 경우 면도기로 수익을 창출할지, 면도날로 수익을 창출할지, 아니면 두 가지 제품 모두로 수익을 창출할지 결정할 수 있다. 가장 현명한 기업은 어떤 결정을 내릴까?

일반적으로는 '핵심 제품core product'을 포기하고 보완 제품의 가격을 인상하는 것이 좋다.[18] 질레트가 정확히 이렇게 한다. 면도기 가격을 낮게 유지하면서 면도날에서 상당한 마진을 남긴다. 하지만 어떤 제품이 '핵심'인지 어떻게 알 수 있을까? 왜 질레트는 면도날이 핵심이라고 생각하지 않았을까? 사실 면도날에는 질레트의 정교한 기술이 집약되어 있다.

IT 기업들도 비슷한 질문에 직면한다. 일부 기업은 하드웨어 가격을 낮게 책정하는 대신 소프트웨어로 수익을 창출한다. 이것이 바로 아마존이 취하는 방식이다. 킨들을 원가에 제공하여 전자책에 대한 독자들의 WTP를 높인 것이다. 마이크로소프트에서 게임 사업을 이끄는 필 스펜서Phil Spencer는 가격 책정에 대한 자신의 접근 방식을 이렇게 설명한다. "종합적으로 볼 때 게임 산업에서 하드웨어 부분은 수익을 창출하는 부분이 아니라고 생각해야 합니다. 돈은 게임 소프트웨어 판매에서 법니다."[19]

하지만 애플 같은 회사도 있다. 애플은 정반대 전략을 따르고 있다. 하드웨어는 프리미엄으로 판매하고 소프트웨어는 무료로 제공한다.

애플은 아이튠즈를 출시하면서 소프트웨어뿐만 아니라 음악의 가치도 모두 무료로 제공했다. 아이튠즈에서 다운로드한 곡당 약 70센트를 음반사에 지불하고 나면 99센트라는 가격표는 신용카드 처리 비용과 애플의 자체 운영 비용을 겨우 충당할 수 있었다.[20]

가격 책정 방식을 결정할 때는 제품 유형(핵심 제품 대 주변기기, 소프트웨어 대 하드웨어)을 고려하기보다는 경쟁에 대한 우려에 따라 가격을 결정하는 것이 좋다. 애플의 역사는 이 교훈을 잘 보여준다. 애플은 2001년에 아이튠즈를 출시하고 2008년에 앱스토어를 출시했지만 두 서비스 모두 큰 수익을 창출하지 못했다. 애플은 아이팟(2001년 출시), 아이폰(2007년), 아이패드(2010년) 판매에서 상당한 마진을 창출하기 위해 음악과 애플리케이션 가격을 낮게 유지했다. 이러한 마진은 시간이 지남에 따라 어떻게 변화했을까? 일대일 비교를 위해 2009년 하드웨어(아이폰)의 총이익과 일반적인 애플리케이션의 총이익을 100으로 설정한 지수를 만들었다.(그림 6-5).[21] 이 그래프에서 수익 풀이 어떻게 극적으로 변화했는지 보라!

애플의 하드웨어 매출 총이익은 시간이 지남에 따라 감소했지만(2009년과 2018년 사이에 아이폰의 경우 약 62%에서 38%로 하락한 것으로 추정됨) 앱스토어는 수익성 있는 강력한 성장 엔진으로 자리 잡았다. 그런데 그림 6-5의 수치는 조심스럽게 받아들여야 한다. 애플의 총이익을 계산하는 것은 까다롭다.*** 어렵지만 분석가 호레이스 데디유Horace Dediu와 컬빈더 가차Kulbinder Garcha의 뛰어난 작업 덕분에 ─ 그림

*** 고객이 애플리케이션에 사용하는 지출 금액을 파악하는 것조차 쉽지 않다. 애플은 애플리케이션 가격을 직접 결정할 때는 실제 지출액을 보고하지만 개발자가 가격을 결정할 때는 수익 분배만 보고한다.

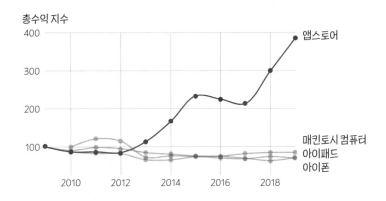

총수익 지수

그림 6-5. 애플 제품의 대당 총수익(2009~2019년) 비교

6-5는 그들의 분석에 기반한다 — 우리는 전체적인 그림을 그릴 수 있다. 극적인 전략 전환으로 애플은 수익의 중심을 하드웨어에서 소프트웨어로 옮겼다. 당연히 애플은 현재 에픽게임즈, 스포티파이, 매치닷컴, 베이스캠프 등이 포함된 앱공정성연합Coalition for App Fairness과 싸우고 있다. 앱공정성연합은 애플이 스토어 수수료를 인하하고 iOS에 대한 통제권으로 자사 서비스에 특혜를 주지 말 것을 요구하고 있다.[22]

애플이 방향을 바꾸게 된 이유는 무엇일까? 바로 경쟁 때문이다. 출시 직후 아이팟이나 아이폰에는 이렇다 할 경쟁자가 없었다. 그러나 이제 고객들은 비슷한 기능과 성능을 갖춘 수많은 제품 중에서 휴대전화를 선택할 수 있다.[23] 심지어 요즘에는 새로 출시하는 휴대전화도 이전 휴대전화와 크게 다르지 않다. 하드웨어에서 경쟁사와 크게 다르지 않은 가치 막대기를 제공하여 애플은 수익 풀을 보완재로 옮기고 있다.(그림 6-6) 하드웨어 가격은 하락하고 있고, 애플리케이션의 WTP

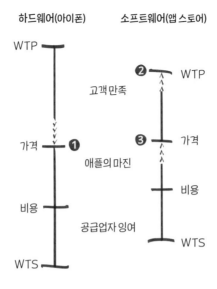

하드웨어(아이폰)　　　　소프트웨어(앱 스토어)

WTP

② WTP

고객 만족

가격 ❶

③ 가격

애플의 마진

비용

비용

공급업자 잉여

WTS

WTS

그림 6-6. 애플의 수익 풀 이동

는 상승하고 있으므로 수익은 서비스 부문으로 이동하고 있다.

　하드웨어처럼 경쟁이 치열한 영역에서 수익 풀을 더 평온한 곳으로 이동시킬 수 있는 능력은 애플처럼 보완 제품을 자체적으로 생산하고 공급을 통제하는 기업이 가지는 커다란 이점 중 하나다.**** 경쟁이 과열되는 순간 기업들은 경쟁이 치열한 영역에서 가격을 낮춰 이익을 보호하는 반면, 경쟁이 덜 치열한 영역에서는 WTP를 높여 이익이 이동하도록 한다.[24]

　보완 제품의 가격을 책정할 때는 두 가지 극단적인 옵션을 고려하는

**** 애플은 애플리케이션 가격을 직접 통제하지 않는다. 하지만 새로운 앱을 승인하며, 사용자가 소프트웨어를 검색할 때 이용하는 앱을 통제한다. 실제로 일부 사람들이 불공정하다고 간주하는 이런 애플의 영향력은 현재 독점 금지 소송의 대상이다.

것이 도움이 된다. 핵심 제품으로 이익의 대부분을 얻고 보완 제품은 무료로 제공한다면 어떨까? 또는 그 반대 상황이면 어떨까? 두 시나리오 모두 얼마나 많은 경쟁에 직면할지 알아야 한다. 가격을 올리면 고객들은 대체 제품으로 전환할까? 인상된 수익 마진을 보면 강력한 공급업체들은 투입 비용을 올릴까? 주요 제품과 보완 제품 간의 경쟁 차이가 클수록 치열한 시장에서는 이익을 옮기는 것이 더 매력적이다.

경쟁은 보완 제품의 수익화를 결정하는 가장 중요한 요소이기는 하지만 유일한 요소는 아니다. 제품의 다양성과 소비자의 구매 시기 또한 수익 전환 방법을 결정하는 데 도움이 된다. 먼저 제품의 다양성을 보자. 보완 제품이 고객 만족을 창출하는 정도가 크게 달라질 경우 이러한 보완 제품 쪽으로 이익 풀이 이동하면 고객과 가치를 공유하기가 더 쉽다. 예를 들어 엑스박스의 가장 정교한 게임은 수백 달러에 달하지만 20달러 미만에 판매되는 게임도 많다. 이렇듯 게임마다 가치 풀의 크기가 매우 다르기 때문에 마이크로소프트는 엑스박스 기계의 가격을 낮게 유지하여 게임기에서 게임 소프트웨어로 이익을 전환한다.

구매 결정 시기도 고려해야 할 또 다른 요소다. 보완 제품은 시간이 지나면서 판매가 이루어지는 경우가 많다. 면도기는 오늘 구매하지만 면도날은 오랜 기간에 걸쳐 여러 개를 구매한다. 소비자가 면도기를 구매할 때 면도날에 얼마를 지출할지 완벽하게 예측할 수 없다면 수익 풀을 면도날로 옮기는 것이 합리적이다. 하지만 조심해야 한다. 이러한 가격 책정 전략의 명백한 단점은 고객에게 사랑받지 못한다는 점이다. 고객은 처음에 저렴한 면도기를 구입했기 때문에 도망갈 길이 없다고 느끼게 되고, 그 결과 더 큰 가치를 창출하는 제품을 찾게 될 것이다. 달러 셰이브 클럽Dollar Shave Club과 해리스Harry's가 저렴한 면도날 구독형 모델로 시장에 진입했을 때 질레트가 커다란 타격을 입었듯이, 이러한 가격 전략은 쉽게 역공에 봉착할 수 있다.

보완재에 대해서 다음과 같은 관찰 결과가 특히 중요하다.

- **보완재는 WTP를 높이는 데 도움이 된다.** 경쟁에서 제일 중요한 것은 고객 만족이며 보완재는 WTP를 높이고 결과적으로 고객에게 더 많은 가치를 창출할 수 있는 강력한 수단이다.
- **보완재는 비즈니스의 핵심과 관련 없어 보이는 경우가 많다.** 이를 파악하려면 고객 여정에 대해 창의적으로 생각해야 한다.
- **(판매자가 아니라면) 우리는 보완재가 저렴하기를 원한다.** 보완재의 가격이 떨어지면 다른 제품의 WTP가 높아진다.
- **보완재는 친구이자 적이다.** 이들은 공동으로 가치를 창출하고, 그 가치를 나누기 위해 때로는 격렬하게 흥정을 벌인다.
- **자체적으로 보완재를 생산하는 기업은 한 보완재에서 다른 보완재로 수익 풀을 옮길 수 있다.**

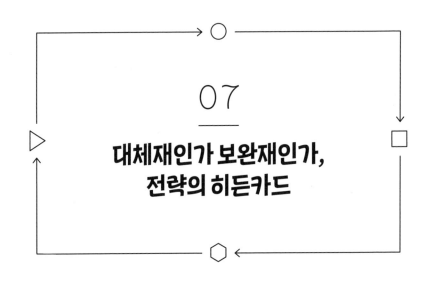

07

대체재인가 보완재인가, 전략의 히든카드

보완재와 대체재를 구분하는 것은, 나중에 돌아보면 간단하다. 하지만 새로운 기술이나 비즈니스 모델이 처음 등장할 때는 이 둘을 구분하기 어려운 경우가 많다. 당신이 은행가라면 블록체인은 친구일까? 적일까? 금융 거래를 더 빠르고 안전하게 처리할 수 있다면 블록체인은 보완재가 될 수 있다. 반면에 기존 결제 서비스를 암호화폐로 대체하고 코인 공개coin offerings로 자금을 모금한다면 대체재가 될 것이다.

중국의 어러머ele.me, 브라질의 아이푸드iFood, 미국의 도어대시DoorDash와 같은 음식 배달 서비스를 생각해 보자. 이러한 서비스는 레스토랑을 보완하는 서비스일까, 아니면 대체하는 서비스일까? 고객이 방문하고 싶은 새로운 레스토랑을 찾기 위해 배달 서비스에 의존한다면 보완재에 해당하겠지만 고객들 주문으로 테이블이 비어 있는 경우에는 대체재라고 할 수 있다. 개인 맞춤형 온라인 학습의 선두주자인 인도의 바이주스BYJU'S는 기존의 대면 교육을 대체할까, 아니면 보완할까?[1] 이런 사례에서 보듯 우리가 보는 것이 보완재인지 대체재인지 명확하지 않다.(그림 7-1)

기업의 역사를 보면 보완재를 알아보기가 얼마나 어려운지 보여주는 사례가 많다. 1920년대 라디오가 대중화되었을 때 미국 작곡가, 작가 및 출판협회ASCAP는 라디오가 음반 판매를 감소시킬 뿐 아니라 더 중요한 악보 수익이 줄어들 것이라고 확신하면서 새로운 매체에 맞서 싸웠다. 라디오를 막기 위해 ASCAP가 1930년대 후반과 1940년에 저

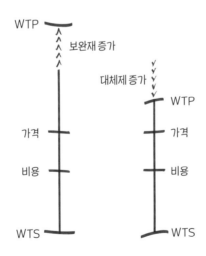

그림 7-1. **구별하기 어려운 보완재와 대체재**

작권료를 70% 인상하자 라디오 방송사들은 보이콧으로 대응했다. 거의 1년 동안 미국의 라디오 청취자들은 저작권으로 보호되는 음악을 거의 듣지 못했다. 갑자기 오랫동안 잊혔던 스티븐 포스터Stephen Collins Foster의 '밝은 갈색 머리의 지니Jeannie with the Light Brown Hair'라는 대중가요가 다시 전파를 타기도 했다.[2]

그러나 1950년대에 이르러 ASCAP가 잘못 판단했다는 사실이 금방 드러났다. 라디오는 음반을 대체하는 것이 아니라 음악을 광고하고 특정 노래에 대한 청취자의 인지도를 높이기 위한 보완 수단이었기 때문이다. 이제는 지불 흐름이 역전되어 천문학적인 저작권료를 청구하는 대신 레코드 회사들은 특정 노래를 틀어주는 DJ에게 돈을 지불한다.* 기업이 흔히 저지르는 실수의 첫 번째 유형은 두 제품 간의 관계를 잘못 판단하여 실제로는 보완재인데도 대체재로 간주하는 것이다. 물론 지나고 보면 상황이 더 명확하게 보이지만 당시에는 그런 실수가 당연했다. 여러분도 음악을 무료로 재생하면 음반 수요가 줄어들 것이라고 생각하지 않았을까?

시간이 지남에 따라 두 제품 간의 관계가 어떻게 진화할지 예측하기 어려운 경우도 있다. 컴퓨터와 종이가 좋은 예다. 사무실을 둘러보자. 종이 없는 사무실 시대가 되었는가? 어수선한 내 책상을 보면 아직 그렇지 않은 것 같다. 1975년 〈비즈니스 위크〉가 전문가들에게 1990년의 사무실이 어떤 모습일지 묻자 당시 유명한 제록스 팔로알토 연구센터PARC의 책임자였던 조지 E. 페이크George E. Pake는 많은 부분에서 놀라

---

* 일부 업계 관계자들의 이런 관행은 페이올라(방송국 DJ가 레코드 회사로부터 뇌물을 받고 노래를 틀어주는 행위-옮긴이) 스캔들을 유발하기도 했다.

울 정도로 정확한 예측을 했다. "향후 20년 동안 사무실에 혁명이 일어
날 것이라는 데는 의심의 여지가 없습니다. 제트기가 여행에 혁명을 일
으켰고 TV가 가정생활을 변화시킨 것처럼, 기술은 사무실도 변화시킬
것입니다. 화면의 파일이나 버튼을 눌러 문서를 불러올 수 있을 것이며
화면 위에서 메일이나 메시지를 받을 수 있게 될 겁니다." 하지만 페이
크 같은 천재도 기술이 종이에 미치는 영향을 정확히 예측하지 못했다.
당시 그의 예측은 이랬다. "종이 인쇄물은 거의 필요하지 않을 것입니
다."[3]

　그가 예측한 대로 컴퓨터 시대가 도래했지만 종이 소비량은 폭발
적으로 증가했다. 컴퓨터와 프린터는 대체재가 아니라 보완재라는 것
이 증명되었다. 1980년부터 2000년까지 미국의 사무용 종이 소비량
은 거의 두 배로 증가했다.[4] PC 덕분에 인쇄가 훨씬 쉬워졌고 사람들
은 잠시 동안이라도 인쇄된 문서를 검토하는 것을 좋아했다.(사무실에
서 인쇄된 종이의 45%는 하루 만에 버려진다.)[5] 컴퓨터와 종이 간 놀라
운 상호 보완성은 기술 발전 때문에 가능했다.[6] 초기 PC는 종종 충돌
을 일으켰기 때문에 항상 백업 복사본이 필요했으며 소프트웨어가 다
른 애플리케이션에서 생성된 문서를 정확하게 인쇄하지 못하는 경우
가 많았다. 여기에 저렴한 인쇄 비용과, 변화를 받아들이기 꺼리는 인
간의 일반적인 성향이 더해져 컴퓨터와 프린터와 종이의 상호보완성
이 더욱 강해졌다.

　그러나 최근에는 이러한 상호보완성이 약화되고 심지어 역전되기까
지 했다. 2000년 이후 미국의 사무용지 소비량은 40% 감소했다. 〈이
코노미스트〉는 "그 원인은 기술적인 측면보다는 사회학적인 측면에 있

는 것으로 보인다."고 주장한다. "이메일, 워드 프로세서, 인터넷과 함께 성장한 신세대 직원들은 이전 세대보다 문서를 출력할 필요성을 덜 느낀다."[7] 설령 컴퓨터와 종이가 결국 대체재라는 결론이 내려진다고 해도 대체 시기를 예측하기란 쉬운 일이 아니었다. 두 번째로 흔히 저지르는 실수는 대체품이 실제보다 훨씬 빨리 나타날 것으로 예상하는 것이다.

ATM의 출현은 훨씬 더 복잡한 세 번째 사례를 보여준다. 1960년대 후반 런던의 바클리즈 은행Barclays PLC과 뉴욕의 케미컬 뱅크Chemical Bank가 최초로 ATM을 설치했다. 이 기계들은 사용법이 어렵고 고장이 나기 쉬웠으며 비밀번호도 없었다. 고객이 ATM을 작동시키려면 기계에 플라스틱 토큰을 넣어야 했다. 거래가 끝나면 은행은 소포로 토큰을 돌려주었다.[8] 이렇게 소박하게 시작했지만 미국의 ATM은 1995년 10만 대에서 2010년 40만 대로 급격히 증가했다. 그 결과 현금을 건네는 것이 주 업무였던 은행 창구 직원의 미래는 암울해 보였다. 클리블랜드 연방준비은행 연구원 벤 크레이그Ben Craig는 "일부 사람들은 매주 이름을 부르며 반갑게 맞아주는 친절한 창구 직원이 사라지는 것을 한탄하지만 대부분은 높은 수수료와 더 많은 시간이 소요되는 이 서비스에 대한 비용을 지불하지 않으려 합니다. 대신 편리하고 저렴한 ATM을 선택하죠."[9] 창구 직원들은 미래가 없는 것처럼 보였다. 하지만 그렇지 않았다. 1980년부터 2010년까지 미국 은행의 창구 직원 일자리는 약 4만 5,000개 증가했다.(그림 7-2)[10]

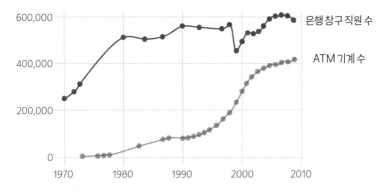

그림 7-2. 창구 직원과 ATM 기계 수의 변화(1970~2009년)

　이 놀라운 결과가 나온 데에는 세 가지 요소가 복합적으로 작용했다. 첫째, 은행이 각 지점의 창구 직원 수를 줄였다.[11] 이렇게 좁은 의미로 보면 ATM과 창구 직원은 대체재가 맞다. 하지만 이야기는 여기서 끝나지 않는다. 둘째, 지점 운영 비용이 절감되면서 은행은 더 많은 지점을 개설하고 창구 직원을 추가로 배치했다. 셋째, 창구 직원은 이제 고객에게 조언을 제공하고 현금을 건네주는 것보다 훨씬 더 가치 있는 금융상품 판매 활동을 하게 되었다. 그 결과 창구 직원을 고용하는 것이 훨씬 더 매력적인 기회가 되었다. 결론적으로 ATM은 이렇게 재편된 창구 서비스를 보완하는 역할을 하는 것으로 판명되었다.

　보완재를 알아보지 못하고(NASCAP), 대체 시기를 예측하기 어려우며(컴퓨터와 종이), 기술 변화의 2차 효과를 파악하기 어려운 상황(ATM) 등은 모두 보완재를 발견하기 어렵게 만드는 요인이다. 하지만 이러한 판단 오류는 무작위로 발생하는 것이 아니다. 세 가지 예에서 어떤 패턴을 발견했는가? 각 사례에서 실제로 새로운 기술이 기존 제품 및 활동의 WTP를 증가시키는 것으로 밝혀졌을 때 우리는 대체재를 예측했다. 이러한 유형의 편향은 일반적인 현상이다. 우리는 변화를 두려워하며 잠재적 손실을 그와 비슷한 가치의 이익보다 더 심각하게 생각한다. 심리학자 아모스 트버스키Amos Tversky와 대니얼 카너먼Daniel Kahneman은 이런 현상을 손실 회피loss aversioin(얻은 것의 가치보다 잃은 것의 가치를 더 크게 평가는 경향-옮긴이)라고 불렀다.[12] 손실 회피 때문에 우리는 보완재를 보고서도 혹시 대체재가 아닐까라고 생각하는 오류를 저지른다.

역사는 두 가지 교훈을 가르쳐준다. 첫째, 새로운 기술이나 새로운 비즈니스 모델의 영향을 예측해 달라는 요청을 받았다면 당신의 직관을 너무 믿지 말기 바란다. 이것은 매우 어려운 작업이다. 예상되는 결과의 타이밍을 신중하게 생각하고 2차 효과를 고려하면 올바른 예측을 내리는 데 도움이 될 수 있다. 둘째, 보완재보다는 대체재를 더 잘 알아보는 경향이 있다는 점을 명심해야 한다. 보완재는 매우 중요하지만 발견하기 어렵다.

보완재와 대체재의 구별법

역사를 공부하면 과학 기술의 발전 패턴과 정책 결정의 판단 기준 등 큰 흐름을 파악하는 데 도움이 된다. 하지만 현대 직장에서는 이런 상호보완 효과나 대체 효과를 기다리며 지켜볼 수 없다. 앞으로 계속 나아가야 하는 상황이기 때문이다. 따라서 데이터 분석에 의존하는 것은 당연한 선택이다. 신중한 분석을 통해 새로운 기술이 기존 제품의 대체재인지 또는 상호 보완재인지 알아낼 수는 없을까? 한 가지 예를 들어보자. 지난 30년 동안 여러 기업이 온라인 활동을 업무에 추가했다. 〈워싱턴포스트〉는 1996년에 인터넷판을 만들었다. 그러면 '워싱턴포스트닷컴'은 종이 신문인 〈워싱턴포스트〉의 보완재일까, 아니면 대체재일까? 다음은 독자를 대상으로 한 설문조사 결과다.(표 7-3)[13]

24시간 이내에	인터넷판을 안 읽었다	인터넷판을 읽었다
종이 신문을 안 읽었다	8,771	622
종이 신문을 읽었다	5,829	877
5일 이내에	**인터넷판을 안 읽었다**	**인터넷판을 읽었다**
종이 신문을 안 읽었다	6,012	680
종이 신문을 읽었다	7,203	2,204

표 7-3. 〈워싱턴포스트〉 온라인 신문 및 종이 신문 구독 수

데이터를 보면 인터넷판과 종이 신문 모두를 읽는 독자들이 꽤 있다. 이런 현상은 상호보완 관계를 시사하는 게 아닐까? 아니면 인터넷판은 읽었지만 종이 신문은 읽지 않은 680명의 독자에 대해 걱정해야 할까? 이 설문조사를 통해 결론을 도출하고 싶은 유혹이 있지만 짧은 시간 관찰한 결과로 두 제품 간의 진정한 관계를 파악하는 것은 불가능하다. 우리가 정말로 알고 싶은 것은 인터넷판이 존재하지 않았다면 680명 독자들이 어떻게 행동했을까이지만, 이는 데이터에 나타나지 않는다. 만일 인터넷판이 없을 때 종이 신문을 읽는다면 인터넷 신문이

대체재가 된다. 두 신문을 모두 읽은 2,204명 독자 중 인터넷판이 없었다면 종이 신문도 구매하지 않았을 독자는 몇 명일까? 이 숫자가 많다면 두 제품은 상호보완적인 관계인 것이다.

이것이 첫 번째 인사이트다. 상호보완 관계를 파악할 목적으로 고객 데이터를 분석하려면 온라인 상품이 존재하지 않는 세계를 살펴봐야 한다. 온라인 구매가 포함된 현실 세계와 온라인 상품이 없는 가상 세계를 비교할 수 있다면 두 제품 간 진정한 관계를 파악할 수 있을 것이다. 가장 앞선 기업들은 패턴 인식, 트렌드 분석, 실험이라는 세 가지 접근 방식을 사용하여 진실에 더 가까이 다가간다.

구매 패턴 분석은 가장 간단한 기법이며 이미 보유하고 있는 데이터를 사용한다. 두 제품이 서로 보완적이라면 감자튀김과 케첩처럼 함께 소비되는 경우가 많다. 오프라인 매장을 방문한 고객이 방문 후 바로 온라인에서 제품을 구매하는 경우가 많을까? 근무시간 중에 인터넷판을 살펴본 후 그날 저녁에 종이 신문을 읽을 가능성이 더 높다고 독자들이 말하는가? 이러한 패턴은 상호보완 관계를 시사한다. 하지만 이런 분석은 간단하지만 완벽하지는 않다. 특히 상호보완적인 고객과 어느 한쪽에 선호도가 강한 고객을 쉽게 구분하기는 어렵다. 인쇄 신문과 온라인 신문을 모두 읽는 사람은 뉴스 중독자일 수 있지만 매장을 방문하고 온라인에서 제품을 구매하는 고객은 그 브랜드를 정말 좋아하는 고객일 수도 있다.

더 많은 인사이트를 얻으려면 시간 트렌드를 연구해야 한다. 인터넷판을 출시한 직후 인쇄물 독자층이 감소했는가? 온라인 판매를 시작하고 나서 매장 판매에 어떤 변화가 있었는가? 시간 트렌드를 연구할 때 컴퓨터와 종이의 예를 생각하자. 제품 간 관계는 고정된 것이 아니라 고객 선호도와 습관에 따라 진화한다. 따라서 시간 트렌드 분석은 자주 업데이트해야 한다. 하지만 업계에 강력한 기존 트렌드가 존재한다면 시간 트렌드를 읽기 어렵고 어쩌면 쓸모없을 수도 있다. 그림 7-4에 나타나는 미국 유료 신문 구독률을 살펴보자.[14]

1950년대 미국 가정에서는 평균 1.2개 신문을 구독했다. 2020년에는 일간지를 구독하는 가구 비율이 20% 미만으로 떨어졌다. 분명 신문은 번성하는 산업이 아니다. 하지만 이 구독 수 하락에 인터넷이 영향을 미쳤다는 걸 이 그래프로 알 수 있을까? 그림 7-4의 데이터로는 알기 어렵다. 온라인 저널리즘과 구글 뉴스가 출시되지 않았다면 아마도 1990년대 후반에는 장기적인 추세가 더욱 안 좋아졌을 것이다. 이 경우에도 다른 많은 경우와 마찬가지로 시간 추세 분석은 명확한 답을

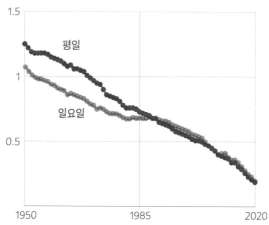

그림 7-4. **유료 구독하는 신문의 수**(1950~2020년)

제공하지 않는다.

상호보완성을 연구하는 가장 강력한 방법은 실험과 A/B 테스트(두 개 이상의 변형을 비교하여 그중 어떤 것이 더 나은 성과를 내는지 평가하는 실험 방법-옮긴이)다. 이 접근 방식은 우리가 볼 수 없는 세계를 직접 시뮬레이션하기 때문에 깊은 통찰력을 제공한다. 한 가지 예를 들어 보자. 2009년 6월 25일, 런던 왕립국립극장은 세계 최초로 전 세계 영화관에 연극을 생중계했다. 표면적으로 이 실험은 큰 성공을 거두었다. 그날 밤 5만 명이 장 바티스트 라신Jean Baptiste Racine의 비극 〈페드르Phèdre〉 공연을 관람했는데, 실제 왕립국립극장에서 관람한 관중은 1,100명이었다. 당연히 영화관에서 연극을 보는 것이 런던에서 직접 관람하는 것을 대체할 수 있는지 여부를 놓고 관심이 집중되었고 왕립국립극장은 이를 알아보기 위해 실험을 한 것이었다. 〈페드르〉는 중계를 했지만 비슷한 관객을 끌어 모을 것으로 예상한 하워드 브렌턴Howard Brenton의 〈네버 소 굿Never So Good〉이나 마이클 프레인Michael Frayn의 〈애프터 라이프After life〉는 중계하지 않았다. 〈페드르〉 또한 일부 영화관에서는 상영되었지만 다른 영화관에서는 상영되지 않았다. 연구원 하산 바흐시Hasan Bakhshi 와 데이비드 트로스비David Throsby의 연구 결과, 디지털 방송이 무대 공연의 약한 보완재 역할을 한다는 점이 드러났다.[15] 공연이 널리 알려지면서 일부 관객이 공연을 런던에서 직접 보기 위해 티켓을 구매했기 때문이다.

보완재와 대체재를 구별하는 것은 의외로 어려운 경우가 많다. 이를 구분하기 위해 정교한 접근 방식을 개발한 기업들을 연구한 결과 다음과 같은 특징을 발견할 수 있었다.

- 이러한 조직은 보완재를 대체재로 착각하는 편견이 존재한다는 것을 알고 있다. 그들은 항상 어떤 경우에 새로운 기술이나 신제품이 보완재라고 주장할 수 있는지를 묻는다.

- **패턴 인식과 트렌드 분석은 빠르고 저렴하게 보완재를 식별할 수 있는 방법이다.** 물론 이 방법은 유용하기는 하지만 완벽하지는 않다.

- 가장 앞서가는 기업들은 상호보완성에 대한 직관을 확인하고 발전시키기 위해 실험을 진행한다.

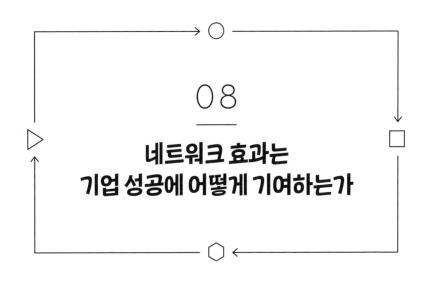

네트워크 효과는
기업 성공에 어떻게 기여하는가

나는 지난 10년 동안 하버드 비즈니스 스쿨의 대표적인
중국 관리자 프로그램인 중국 고위 임원 프로그램Senior
Executive Program for China 교수회의 의장으로 재직했다. 이 역할을 맡으면서
중국을 자주 방문했고, 방문할 때마다 극적인 변화를 목격하는 데 익숙
해졌다. 그럼에도 최근 상하이에서 겪은 경험은 나를 어리둥절하게 만
들었다. 다른 사람들과 마찬가지로 나도 만두를 좋아해서 중국을 방문
할 때마다 이 별미를 전문으로 하는 레스토랑을 열심히 찾았다. 그러다
가 홍차오 기차역에서 그리 멀지 않은 곳에, 테이블 몇 개와 푹신한 의
자, 그리고 이 지역에서 가장 맛있는 만두가 있는 딱 내 취향에 맞는 곳

을 찾았다. 식사가 끝나고 점원에게 신용카드를 건네니 고개를 절레절레 흔들며 카드를 받지 않는다고 말했다. 당연히 알고 있었어야 했다. 작은 식당에서는 카드를 안 받는 곳이 많으니 말이다. 사과하고 50위안짜리 지폐를 건넸지만 또다시 거절당했다. "카드도 안 되고 현금도 안 됩니다." 점원은 명백하게 고장 난 것처럼 보이는 계산대 상단에 표시된 QR 코드를 가리키며 이렇게 말했다. "저희는 알리페이나 위챗페이만 받습니다."

결론부터 말하면 그 식당은 현금을 받지 않는 곳이었다. 그런데 그런 곳은 이 식당만이 아니었다. 중국 전역에서 현금은 "계산서 주세요."라는 말을 할 틈도 주지 않고 재빨리 사라지고 있다. 어떻게 이런 일이 일어났을까? 나는 카드 기반 거래가 주요한 결제 방식으로 자리 잡았다고 생각했다. 그런데 불과 1분 30초 만에 현금이 사라지고 전적으로 모바일 결제로 대체되었다.

이와 같은 급격한 변화는 주로 강력한 네트워크 효과를 가진 시장에서 나타난다. 이러한 시장에서는 소비자가 그 제품이나 서비스를 많이 사용할수록 WTP가 상승한다.(그림 8-1) 처음에는 모바일 결제 서비스를 사용하는 고객이 거의 없기 때문에 레스토랑에서 모바일 결제를 이용하도록 그들을 설득하기 어렵다. 고객도 모바일 결제를 허용하는 매장이 거의 없기 때문에 자신의 기기에 알리페이를 설치하는 것을 꺼린다. 그러나 이를 채택하는 경우가 증가함에 따라 상점과 레스토랑의 WTP는 증가한다. 또한 모바일 결제를 허용하는 매장이 늘어나면서 이러한 애플리케이션을 사용하는 고객 수도 빠르게 증가한다.

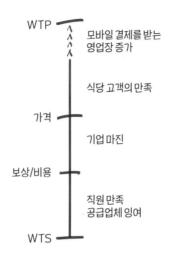

그림 8-1. 네트워크 효과: 채택하는 영업장이 많으면 WTP가 상승한다

네트워크 효과는 긍정적인 피드백 루프다. 더 많은 소매업체가 더 많은 고객을 유치할수록 더 많은 소매업체가 유입된다. 네트워크 효과로 시장은 순식간에 모든 소매업체가 사용하는 전환점tipping point에 도달할 수 있다. 그 반대 경우도 마찬가지다. 현금을 사용하는 사람이 줄어들면 거스름돈을 줄 수 있는 상점 수가 줄어들고 현금을 받으려는 상점도 줄어든다. 이러한 상황은 고객들을 모바일 결제로 전환하도록 유인한다.

중국과 스웨덴 같은 국가들은 현금 없는 사회로 나아가고 있다. 2010년만 해도 중국에서 모바일 결제 서비스는 상위 10개 앱 목록에 포함되지 않았지만 불과 10년 만에 중국 인구의 4분의 3이 현금보다 모바일 결제를 선호하게 되었다.[1] 몇 년 전 알리바바가 미래형 슈퍼마

킷 헤마Hema를 오픈했을 때 매장 어디에도 금전 등록기는 없었다. 중국 중앙은행인 인민은행은 이제 현금 사용을 보호하기 위해 개입해야 하는 상황이다. 당국은 현금 수납을 중단한 수백 개 소매업체를 정기적으로 단속하고 있다.[2] 과거 역사에 비추어 보면 현재 중앙은행은 힘든 싸움에 직면해 있다. 네트워크 효과가 강력한 방식으로 WTP를 움직이기 때문이다.

(내가 만두 문제를 어떻게 해결했는지 궁금한가? 식사비를 지불할 수는 없었지만 식당 직원은 만두 값을 기꺼이 현금 팁으로 받아주었다!)

네트워크 효과의 세 가지 유형

네트워크 효과는 세 가지 유형으로 구분하는 것이 편리하다. 세 가지 모두 제품 도입이 증가함에 따라 WTP가 상승하지만 그것이 발생하는 메커니즘은 서로 다르다.

직접적인 네트워크 효과는 추가 고객이 제품을 구매할 때마다 WTP를 증가시킨다.(그림 8-2a). 모든 통신 기기가 좋은 예다. 팩스기를 처음 구입한 사람을 생각해 보자.

팩스 메시지를 주고받을 상대가 없었기 때문에 이 기기는 처음에 아무런 가치가 없었다. 기기가 보급됨에 따라 팩스기의 WTP는 해당 기계를 소유한 기업과 개인의 수와 함께 증가했다. 당신이 소유하고 있는 제품을 생각해 보라. 더 많은 사람들이 같은 제품을 가지고 있다면 더 유용하거나 가치가 높아질까? 대답이 '그렇다'라면 직접적인 네트워크

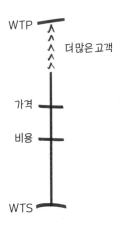

그림 8-2a. 직접적인 네트워크 효과

효과가 있는 것이다.

두 번째 유형인 간접적 네트워크 효과는 보완재의 도움으로 고객의 WTP를 높인다.(그림 8-2b) 게임 콘솔과 게임, 자동차와 정비소, 스마트폰과 애플리케이션은 모두 간접 네트워크 효과가 있는 시장의 예다. 더 많은 고객이 스마트폰을 구매하면 개발자는 더 많은 앱을 만든다. 그리고 유용한 앱이 많아지면 스마트폰의 WTP가 상승하여 더 많은 고객을 유치할 수 있다. 간접적인 네트워크 효과는 종종 닭이 먼저냐 달걀이 먼저냐 같은 관계를 만들어낸다. 충전소가 늘어나면 더 많은 사람들이 전기차를 운전할 것이다. 하지만 전기차를 소유한 사람이 너무 적으면 충전소도 얼마 없게 마련이다. 이러한 상황을 타개하기 위해 기업들은 간접적인 네트워크 효과를 기대하며 수요가 제한적인 보완재에 투자하는 경우가 많다.

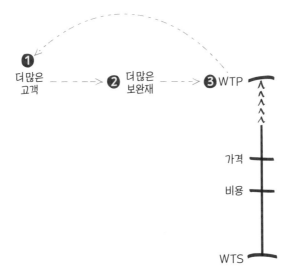

그림 8-2b. 간접적 네트워크 효과

　세 번째 유형의 네트워크 효과는 플랫폼 비즈니스에서 보이는 특징
과 같다.(그림 8-2c) 이러한 기업은 두 가지 유형 이상의 고객(또는 공
급업체)을 유치하며 한 그룹이 커질수록 다른 그룹에 대한 WTP가 증
가한다. 온라인 여행사를 예로 들어보자. 여행 플랫폼에서 예약하는 사
람들이 많아질수록 호텔들은 익스피디아에 호텔을 등록하는 것이 더
유리하다는 것을 알게 되고, 이렇게 하여 추가 고객을 유치할 수 있다.
다양한 유형의 고객을 한데 모아 가치를 창출하는 기업이 많다. 예를
들어 〈뉴욕타임스〉는 독자와 광고주를 유치하며 우버는 승객과 운전
기사를 연결한다. 아마존의 마켓플레이스는 쇼핑객과 판매자에게 매
력적이다. 이러한 각각의 사례에서 한 고객 그룹(광고주, 운전자, 판매
자)의 WTP는 다른 고객 그룹(독자, 승객, 쇼핑객)의 규모가 커짐에 따

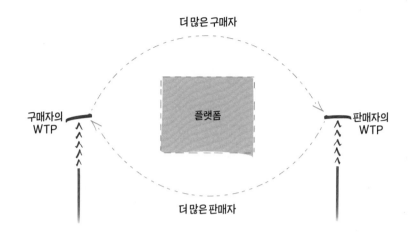

더 많은 구매자

플랫폼

구매자의
WTP

판매자의
WTP

더 많은 판매자

그림 8-2c. 네트워크 효과

라 증가한다.

　이 장에서는 네트워크 효과가 어떻게 기업의 엄청난 성공과 실패에 기여하는지 그리고 네트워크 효과가 어떻게 초대형(그리고 수익성이 매우 높은) 기업이 점점 더 지배하는 경제를 만드는 데 기여하는지 살펴볼 것이다.

네트워크 효과를 톡톡히 누리는 페이스북

설립한 지 15년 만에 페이스북은 소셜미디어를 지배하고 있다. 월간 활성 사용자 수가 24억 명에 달하는 이 회사는 전 세계 90% 이상의 국가에서 가장 널리 쓰이는 소셜네트워크 플랫폼이다. 소셜미디어 페이지 조회수 점유율은 미국에서 50%, 아프리카에서 70%, 아시아,* 유럽 및 남미에서 80%에 달한다.[3] 페이스북은 과거에는 성공적이었지만 지금은 엄청난 경쟁과 정치적 압박을 받고 있다. 젊은 사용자들은 스냅챗과 틱톡으로 몰려들고 있고, 핀터레스트는 전자상거래 분야에서 위상을 높이고 있으며, 아마존은 광고비를 놓고 페이스북과 경쟁하기 시작했다. 설상가상으로 데이터 및 개인정보 보호 스캔들로 기업의 동기와 리더십에 대한 냉소주의가 확산되고 있다. 페이스북은 이제 미국 소셜 네트워크 중 가장 신뢰도가 낮은 기업이 되었으며[4] 정치인과 규제 당국은 공개적으로 페이스북을 해체할 방법에 대해 이야기하고 있다.

이 엄청난 도전의 시기에 페이스북은 얼마나 잘하고 있을까? 성과는 훌륭하다. 이 회사는 2019년에 1억 명 이상의 사용자가 늘었으며, 이 중 100만 명은 성숙한 미국 시장에서 확보했다. 같은 해 매출은 29% 증가했고 점유율은 50% 이상 상승했다.[5] 이러한 놀라운 지속력의 비결은 무엇일까? 페이스북은 무너졌어야 하지 않을까?

페이스북의 성과는 네트워크 효과의 놀라운 힘을 증명한다. 이 회사는 세 가지 유형의 혜택을 모두 누리고 있다. 페이스북은 사용자가 늘어남에 따라 네트워크에 가입하여 친구 및 지인들과 교류하는 것이 더 매력적으로 느껴지고(직접 네트워크 효과), 브랜드와 사용자는 콘텐츠를 제작하고 게시할 유인이 커지며(간접 네트워크 효과), 광고주에게는 더 매력적인 사이트가 된다(플랫폼 네트워크 효과). 진부해 보이는 디자

---

* 중국에서는 페이스북이 금지되어 있다.

인과 사용자의 신뢰 상실로 WTP가 낮아진 것은 사실이지만[6] 동시에 네트워크 효과는 기업의 시장 지위를 고정시켜 다른 소셜미디어와의 경쟁에서 우위를 점할 수 있게 해준다.

가장 강력한 네트워크 효과는 엄청난 이점을 제공하며 시장은 몇몇 기업에만 유리하게 기울어진다. 구글과 바이두(검색 분야), 아마존과 알리바바(전자상거래 분야), 소니와 마이크로소프트(게임 콘솔 분야), 버라이즌Verizon과 AT&T(이동통신 분야), 비자와 마스터카드(신용카드 분야) 등 여러 기업이 네트워크 효과의 혜택을 톡톡히 누리고 있다.

네트워크 효과의 지리적 한계

내 아침 습관 중 하나는 메시지 앱을 확인하는 것이다. 보통 문자 메시지로 시작해서 왓츠앱WhatsApp, 위챗WeChat을 빠르게 확인하고 라인LINE으로 마무리한다. 이 모든 앱을 설치해야 하는 이유는 네트워크 효과가 지역적 또는 국지적으로 발생하는 경우가 많기 때문이다. 왓츠앱은 전 세계에서 가장 큰 메시지 앱이지만 라인이 선두를 달리고 있는 일본에서는 거의 쓸모가 없다. 중국에서는 휴대전화를 가진 사람이라면 누구나 위챗을 사용한다. 에티오피아, 이란, 한국, 우즈베키스탄, 베트남에 지인이 있다면 각각 해당 국가의 주요 메시지 앱인 바이버Viber, 텔레그램Telegram, 카카오Kakao, 이모imo, 잘로Zalo를 설치하기를 권한다.[7]

네트워크 효과의 강도는 사용자 수에 따라 달라지지만 관련 효과가 전 세계적으로 동일하게 적용되는 경우는 드물다. 우버와 같은 기업을 생각해 보자. 플랫폼 네트워크 효과는 우버에 유리하게 작용한다. 운전자 수가 증가하면 승객에게 이익이 되고 승객이 많으면 운전자가 우버에 가입할 가능성이 높아진다. 하지만 우버 서비스와 관련된 사용자 수는 전적으로 지역에 국한된다. 보스턴에서 우버 서비스를 요청한다면 샌프란시스코에 더 많은 운전자가 있다고 해도 나의 WTP는 변하지 않는다.

네트워크 효과의 지리적 한계로 인해 많은 대형 플랫폼의 매력이 제한된다. 전 세계적으로 300만 명의 드라이버를 보유한 우버는 새로운 시장에 진출할 때 마치 다른 곳에서는 사업이 존재하지 않는 것처럼 처음부터 다시 시작해야 한다. 그 결과 지역별로 강력한 현지 업체가 탄생한다. 미국에서는 우버가, 중국에서는 디디DIDI가, 인도네시아에서는 고젝Gojek이, 독일에서는 블라블라카BlaBlaCar가 선두를 달리고 있다. 지역적 네트워크 효과는 여전히 선두 기업에 강력한 이점을 제공한다. 중국에서 디디가 앞서 나가자 중국 시장은 완전히 기울어져서 우버는 기회를 잡지 못했다. 그러나 중국에서는 패배했지만 다른 시장에서 우버의 입지는 거의 흔들리지 않았다.

WTP를 높이는 네트워크 효과의 메커니즘

당신은 몇 개의 차량 공유 앱을 사용하는가? 분명히 한 개는 아닐 것이다. 샌프란시스코에 거주한다면 아마도 우버와 리프트Lyft 앱을 사용하고 있을 것이며 자카르타가 고향이라면 고젝과 그랩을 사용할 것 같다.

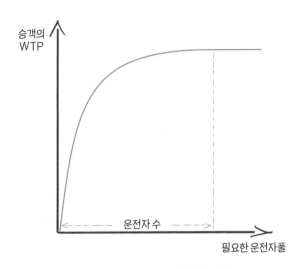

승객의
WTP

운전자 수

필요한 운전자풀

그림 8-3. 차량 공유업체 간 경쟁

서울에서는 카카오, 티맵, 그리고 어쩌면 타다TADA를 사용할 수도 있다. 네트워크 효과가 페이스북처럼 글로벌 지배력으로 이어지는 경우는 거의 없을 뿐만 아니라, 지역 차원에서도 승자 독식인 경우는 거의 없으며 다양한 플랫폼이 나란히 경쟁하는 경우가 많다. 현지 시장에서 살아남을 수 있는 기업은 얼마나 될까? 예를 들어 서울에서 4위를 차지하고 있는 승차 공유 업체 풀러스Poolus가 지속 가능한 사업이 될 가능성은 얼마나 될까?

시장의 경쟁 정도를 파악하려면 네트워크 효과가 WTP를 높이는 메커니즘을 구체적으로 파악하는 것이 도움이 된다. 승객 관점에서 가장 중요한 이점은 근접성proximity이다.[8] 운전자가 많은 서비스는 대기 시간을 단축할 수 있다.(그림 8-3)

대기 시간이 줄어들면 승객이 얻는 편익은 점점 더 작아진다. 차량이 1분 후에 도착하든 30초 후에 도착하든 신경 쓰는 고객은 거의 없다. 대기 시간에서 경쟁력을 갖추려면 그림 8-3에서 점선으로 표시된 만큼의 운전자 수를 확보해야 한다. 서울이 충분히 커서 4개 회사가 각각 필요한 운전자 풀을 구성할 수 있다면 풀러스는 살아남을 수 있을 것이다. 만약 한 회사만 필요한 풀을 구성할 수 있다면 그 회사가 모든 것을 가져갈 것이다.

내 이야기에 반대하는 사람도 있을 것이다. 이해한다. 물론 내 이야기가 절대적으로 옳은 것은 아니다. 한 가지 복잡한 문제는 시장에 운전자가 늘어나면 한 가지 효과가 아니라 세 가지 효과가 발생한다는 점이다. 승객의 대기 시간이 줄어들면 더 많은 승객이 짧은 대기 시간을 선호하여 차량 공유 서비스를 자주 이용하게 된다. 만일 전체 승객 수에 변화가 없다면 운전자는 더 오래 기다려야 할 것이다. 그런 일이 발생하여 대기 시간이 길어질수록 운전자가 이탈하기 때문에 시장은 그림 8-3에 표시된 최대 승객 WTP에 도달할 수 없게 된다. 또 다른 문제는 승차 공유 회사가 일반적으로 운전자를 직원이 아닌 독립 계약자로 취급한다는 점이다. 이렇게 하면 비용을 절감할 수는 있지만 운전자가 여러 차량 공유업체에서 일할 수 있다. 그러면 사실상 신규 진입자는 새로운 운전자 풀을 구성할 필요가 없고 이미 풀에 있는 운전자를 '빌리기만 하면' 된다. 따라서 차량 공유 시장은 경쟁이 치열한 시장이 되며, 이것이 우버와 같은 기업이 수익성을 달성하기가 매우 어려운 이유다.

차량 공유는 중요한 교훈을 가르쳐준다. 비즈니스가 네트워크 효과

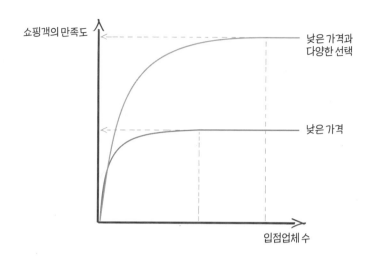

그림 8-4. 전자상거래 업체 간 경쟁

의 혜택을 받는다는 것은 멋진 일이다. 그러나 고객 수가 WTP에 어떤 영향을 미치는지 철저히 이해하는 것이 훨씬 더 중요하다. 서비스 도입으로 WTP가 높아지는 메커니즘을 알면 시장경쟁력을 평가하는 데 도움이 된다.

다른 예로 전자상거래 플랫폼을 살펴보자. 사람들은 분명히 온라인 쇼핑을 좋아한다. 조금만 손품을 팔면 언제나 더 좋은 거래를 찾을 수 있다. 낮은 가격이 고객의 마음을 사로잡는 열쇠라면 전자상거래 시장은 경쟁이 치열해질 것이다. 그림 8-4에서 '낮은 가격low price'이라고 표시된 선은 전자상거래 기업이 입점업체를 추가할 때 고객 만족도가 어떻게 변화하는지 보여준다. 처음에는 가격 경쟁이 심해지므로 고객 만족도가 상승한다. 하지만 상승 효과는 금방 사라지고 가격 경쟁력을 갖추기 위해서는 소수의 입점업체만 있으면 된다.

하지만 다행히도 고객은 저렴한 가격에만 관심을 두지 않는다. 많은 고객이 다양한 제품군도 중요하게 생각한다. 아마존과 타오바오가 각자의 시장에서 선두를 달리는 이유는 전례 없는 다양성을 제공하기 때문이다. 고객이 원스톱 쇼핑을 좋아하기 때문에 선택 폭이 중요하다면, 전자상거래 사이트는 고객 만족도에서 경쟁하기 위해 훨씬 더 많은 판매자가 필요하며, 그 결과 승자 독식 결과가 나올 가능성이 높다. 아마존의 미국 온라인 쇼핑 점유율은 50%가 넘으며 중국에서 티몰Tmall의 점유율은 그보다 훨씬 높다.

광범위한 서비스로 치열한 경쟁을 벌이고 있는 콜롬비아의 인스턴트 음식 배달 스타트업 라피Rappi에서도 비슷한 역학관계가 작용하고 있다. 라피는 음식과 식료품 배달 외에도 ATM 심부름, 반려견 산책, 축구 경기에서 11번째 선수로 대리 출전, 콘서트 티켓 구매, 자라닷컴에서 구매한 오버사이즈 셔츠 직접 교환 등 다양한 서비스를 제공한다. 라피의 모델은 일이 없는 것을 두려워하는 근로자와, 특별한 서비스를 거의 즉시 제공하는 것을 중요하게 생각하는 고객 모두에게 이익이 되는 네트워크 효과를 구축한다.

이러한 모든 예시에서 플랫폼 서비스의 범위를 넓힐 때 발생하는 추가적인 고객 만족과 공급업체 잉여를 고려하는 것이 중요하다. 현재 규모에서도 네트워크 효과를 실제로 강화할 수 있을까?

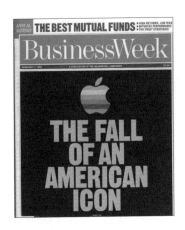

그림 8-5. 애플의 멸망 예상
(출처: 블룸버그)

몰락해 가던 애플의 선택

그건 가장 기억에 남는 환영 파티였다. 1997년 여름 애플 지지자 수천 명이 자신들의 영웅인 스티브 잡스Steve Jobs의 복귀를 축하하기 위해 맥월드 보스턴을 찾았다. 1985년 자신이 공동 창업한 회사에서 강제로 사임해야 했던 잡스는 그해 초 애플로 복귀했다. 회사는 엉망진창이었다. 현금은 부족했고 미래에 대한 비전도 없었던 애플은 파산 직전의 위기에 처해 있었다.[9] 당시 모건 스탠리 애널리스트였던 메리 미커(Mary Meeker와 질리언 먼슨Gillian Munson은 당시 애플이 처한 암울한 전망을 다음과 같이 요약했다. "우리가 보기에 애플은 지난 6분기 동안 매년 15%에서 32% 사이의 매출 감소를 기록하는 등 심각한 문제를 안고 있는 회사입니다. 우리는 의학적 비유를 사용하여 이 환자를 사망한 것으로 판정 내렸습니다."[10] 신문과 잡지는 이 가파른 하락세를 열광적으로 따라가며 추적했으며 세계적으로 유명한 이 기업의 실패를 예상했다.(그림 8-5)

보스턴 컨벤션 센터에 모인 관중들은 기대감에 들떠 있었다. 잡스가 어떤 발표를 할까? 어떤 깜짝 선물을 준비했을까?

잡스는 실망시키지 않았다. 오히려 청중이 예상했던 것보다 더 크고 심오한 놀라움을 선사했다. 잡스는 "애플은 생태계 속에서 살아가고 있으며 파트너의 도움이 필요합니다."라고 설명했다. "저는 오늘 매우 의미 있는 첫 번째 파트너십 중 하나를 발표하고자 합니다." 잡스 뒤의 스크린에 불이 켜지고 놀랍게도 거기에는 빌 게이츠가 서 있었다! 잡스는, 애플의 라이벌이자 경멸 대상이었고 결정적으로 쿨하지 못한(그리고 못되게 굴어 성공한) 천적이었던 마이크로소프트와의 협업을 발표했다.[11]

어떻게 이런 순간이 가능했을까? 어떻게 1980년대 가장 수익성이 높았던 컴퓨터 회사 애플이 이렇게 몰락했을까? 여기서 중요한 것은 직간접적인 네트워크 효과다. 1990년대 내내 저렴한 PC 가격에 힘입어 윈도우 운영 체제 채택이 빠르게 증가하면서 마이크로소프트의 고객 WTP가 증가했다. 윈도우 사용자 수가 증가하면서 문서를 교환하고 성가신 소프트웨어에 대한 도움을 요청하는 것이 더 쉬워졌다. 이러한 직접적인 네트워크 효과보다 더 중요한 것은 간접적인 효과, 즉 윈도우용으로 작성된 소프트웨어를 개발, 유지보수 및 업데이트하려는 수요였다.

컴퓨터의 초창기 역사에서 애플은 독보적인 존재였다. 1980년 세계 시장점유율은 16%에 불과했지만 이후 윈도우용 소프트웨어와 인텔

마이크로프로세서를 기반으로 한 훨씬 저렴한 PC가 쏟아져 나오면서 상황이 바뀌었다. 1996년 잡스가 회사에 복귀했을 때는 그 규모가 놀라울 정도로 커져 있었다. 그해 인텔은 7,600만 개 프로세서를 출하했고, 마이크로소프트 윈도우는 3억 5,000만 대에 가까운 컴퓨터에 설치되어 있었다. 반면 애플은 500만 대 미만을 출하했고 설치된 컴퓨터는 마이크로소프트 10%에 불과했다.[12] 여러분이 새로운 유형의 소프트웨어에 대한 훌륭한 아이디어를 가진 개발자라고 가정해 보자. 윈도우용으로 개발할까, 아니면 애플용으로 개발할까? 잡스는 다음과 같이 설명했다.

"핵심은 혁신적인 새 소프트웨어 제품을 개발하는 개발자에게 해당 제품이 자사 운영 체제에서만 가장 잘 실행되도록 설득하는 것입니다."[13] 1997년 여름까지는 애플에 이러한 능력이 없었다.

애플과 마이크로소프트의 협업에서 핵심 요소는 게이츠가 사무용 생산성 소프트웨어의 대명사인 오피스를 맥 플랫폼에서 계속 개발하겠다는 약속이었다. 과거에는 마이크로소프트의 맥용 오피스 버전 출시가 산발적으로 이루어졌기 때문에 많은 애플 고객이 윈도우로 전환했다. 이제 게이츠는 적시에 출시하고, PC와 맥용 오피스 버전을 동일하게 제공하며, 더 나아가 애플 OS의 고유한 기능을 활용할 수 있는 기능을 제공하겠다고 약속했다.[14]

애플의 파산 위기는 프리미엄 가격의 이중적인 역할을 잘 보여준다. 프리미엄 가격은 배타성과 부러움을 불러일으키는 마진을 창출하는 동시에 고객 수를 제한한다. 이러한 틈새 전략은 장기적으로 매우 성공적이고 지속 가능할 수 있다. 예를 들어 포르셰나 에르메스 같은 브랜드가 그렇다. 그러나 간접 네트워크 효과가 강한 시장에서는 프리미엄 가격 때문에 비즈니스 성공의 핵심 요소인 보완재를 제공하려는 기업이 나서지 않는다. 이러한 환경에서는 프리미엄 가격이 지속되기 어렵기 때문이다. 실제로 프리미엄 가격 때문에 애플은 개인용 컴퓨팅의 선두 주자가 될 기회를 놓쳤다.**

물론 애플이 어려움에 빠진 이유가 매력적인 소프트웨어가 부족했기 때문만은 아니었다. 1995년의 제품 부족 사태, 잘못 설계된 라이선스 프로그램, 혼란스러운 마케팅 부서 개편, 그리고 처참한 재고 관리 등이 모두 회사를 약화시키는 데 공모했다.[15] 그러나 강력한 네트워크 효과를 가진 경쟁자들이 가세하면서 회사는 심각한 어려움에 처했다. 잡스는 애플의 전 CEO였던 길 아멜리오Gil Amelio가 "애플은 바닥에 구멍이 생겨 물이 새는 배와 같다."고 자주 말했던 것을 기억했다.[16] 그 구멍

** 오늘날까지도 개인용 컴퓨터 시장에서 애플의 점유율은 12% 정도에 불과하다.

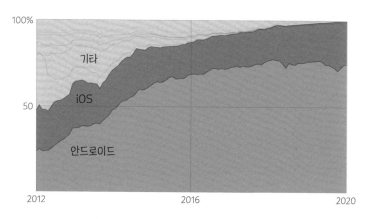

그림 8-6. 모바일 운영체계별 세계 시장점유율

은 바로 네트워크 효과가 사라진 것을 의미했다. 안타깝게도 아멜리오는 자신의 임무가 "배를 올바른 방향으로 이끄는 것"이라고 생각했다. 그는 왜 구멍을 막지 않고 방치했을까?

보완재 개발 비용이 네트워크 효과에 미치는 영향

1997년 교훈을 애플의 현재 상황에 적용해 보면 흥미로운 사실을 알 수 있다. 그림 8-6은 모바일 운영체제에서 애플의 시장점유율을 보여준다.[17] 애플이 다시 한번 곤경에 처한 것일까?

동일한 상황이 전개되고 있다. 이 회사는 비싼 휴대전화를 판매하고 있으며, 이를 통해 특별함이라는 귀중한 가치를 창출한다. 한편 경쟁 플랫폼인 구글의 안드로이드는 전 세계 시장을 지배하는 저가형 기기의 기본 운영체제로 자리 잡고 있다. 이것은 1980년대와 1990년대의 재연이 아닌가? 안드로이드가 새로운 윈도우일까?

실제로 유사점이 있다. 사용자 수가 적은 운영체제는 지속 가능하지 않다. 예를 들어 윈도우 휴대전화는 전혀 인기를 끌지 못했고 마이크로소프트는 2020년에 모바일 플랫폼을 포기했다. 그러나 마이크로소프트의 휴대전화 실패는 네트워크 효과 때문이 아니었다. 사용자들이 모바일 운영체제에 관계없이 서로 쉽게 연결할 수 있기 때문에 네트워크 효과는 이 시장에서 큰 역할을 하지 못했다. 게다가 모든 플랫폼에서 동일한 휴대전화 애플리케이션을 사용할 수 있는데, 이는 앱 개발 비용이 개인용 컴퓨터에서 풍부한 기능을 갖춘 소프트웨어를 개발하는 비용보다 훨씬 저렴하기 때문이다.[18] 심지어 시장점유율이 미미한 마이크로소프트조차 50만 개 이상의 제품을 보유한 앱스토어를 운영할 정도였다.[19]

애플 입장에서 중요한 문제는 보완재 제작업체들이 시장점유율 20%인 운영체제를 위한 제품과 서비스를 계속 개발할지 여부다. 보완 제품을 생산하는 데 비용이 너무 많이 들지 않는다면 계속 생산할 것이고 애플은 번창할 것이다. 그러나 보완 제품을 개발하는 데 국가별로 상당한 투자가 필요하다면 시장점유율이 6% 미만으로 떨어진 인도네시아 같은 국가에서는 압박을 받게 될 것이다. 기술이 발전하여 휴대전화와 보완재—금융 서비스, 교통, 의료 분야의 애플리케이션—의 값비싼 통합이 발생하는 순간 개발자들은 다시 한번 사용자 수가 가장 많은 운영체제인 안드로이드를 선호하게 될 것이다. 기술 방향은 누구도 알 수 없지만 보완 요소 개발 비용이 네트워크 효과의 중요성을 어떻게 높이거나 낮출 수 있는지 이해하는 것은 모든 전략가에게 필요한 중요한 기술이다.

현명한 전략가가 갖춰야 할 두 가지 특성

강력한 네트워크 효과가 존재하는 환경에서 경영하는 것은 절대 쉬운 일이 아니다. 피드백 루프가 변화를 가속화하기 때문이다. 마치 눈 깜짝할 사이에 수익이 사라지거나 틱톡과 같은 엔터테인먼트 앱이나 핀뒤뒤Pinduoduo 같은 전자상거래 플랫폼이 하루아침에 수억 명 사용자를 확보하기도 한다. 어떤 경우에는 네트워크 효과가 변화를 방해하기도 한다. 수십 년 동안 산업을 지배하는 안정적인 플랫폼 집합을 만들어내기 때문이다. 네트워크 효과는 엄청난 변화와 안정성을 동시에 만들어낸다. 이러한 환경에서 어떤 사고방식을 가져야 할까? 내 생각에는 상상력과 경계심이 가장 중요한 두 가지 특성이 아닐까 한다.

상상력

어떤 특정 산업을 두고 네트워크 효과가 있다는 주장도 있는 반면에 전혀 없다는 의견도 있다. 하지만 이는 너무 편협한 사고방식이다. 기존에 없던 네트워크 효과를 창출하여 이익을 취하는 기업도 많기 때문이다. 또 어떤 기업들은 기존의 네트워크 효과를 훨씬 더 강력하게 만들어 성공하기도 한다. 애플의 영상통화 소프트웨어인 페이스타임FaceTime은 아이폰과 아이패드를 소유한 고객들에게 새로운 네트워크 효과를 창출했다. 우버풀UberPool은 비슷한 목적지로 이동하고자 하는 승객들 사이에 네트워크 효과를 추가했다.

네트워크 효과를 통해 고객의 WTP를 높일 수 있는 방법을 고민할 때는 현재의 업계 상황에만 너무 집중해서도 안 되고 현재 자신의 회사가 네트워크 효과의 혜택을 받는지 여부에 관심을 기울여서도 안 된다. 대신 자신의 회사 제품 중 하나를 소유한 사람을 생각해 보라. 다른 사람들도 동일한 제품을 이용한다면 어떤 이점을 얻을 수 있을까? 상상력을 펼쳐보자.

경계심

당신의 회사는 네트워크 효과를 창출할 기회가 없다고 하더라도 다른 기업에서 네트워크 효과를 기대해 볼 수 있다. 네트워크 효과는 선두 기업에 큰 이점을 제공하기 때문에 막 생성되기 시작한 네트워크와 새로 부상하는 플랫폼을 일찍 발견하는 것이 중요하다. 라이벌 기업뿐만 아니라 공급업체에도 주의를 기울여야 한다. 최근 기업의 역사를 보면 공급업체가 특히 강력한 플랫폼으로 떠오른 경우도 많았다. 온라인 플랫폼은 여러 공급망 중에서 비교적 최근에 등장한 현상이다. 그러나 일단 자리를 잡으면 대체하기 어렵고 당신 회사의 수익 상당 부분을 가져갈 가능성이 높다. 미국의 대표적인 레스토랑 예약 서비스 오픈테이블OpenTable이 그 좋은 예다. 이 플랫폼은 레스토랑에 월 고정 요금과 예약 건당 수수료를 부과한다.[20] 수익률이 5% 미만인 경우가 많은 요식업계에서 오픈테이블의 수수료는 순이익의 40%에 달하는 비용을 발생시킬 수 있다.*** [21]

하지만 식당에는 선택의 여지가 거의 없다. 손님들에게 오픈테이블에 등록되지 않은 식당은 존재하지 않는 것이나 다름없기 때문이다. 하지만 2000년대 초반에 시장에 진입한 레시Resy, 리저브Reserve, 톡Tock과 같은 경쟁 플랫폼은 별다른 성공을 거두지 못했다. 댈러스에서 레스토랑을 운영하는 브룩스 앤더스는 "레시에 등록된 레스토랑이 10군데밖에 안 되는 상황인데 급격한 매출 감소를 감수하려는 사람은 없죠."라고 말한다. "오픈테이블은 코카콜라처럼 어디서나 볼 수 있습니다. 사

*** 이는 성공적인 플랫폼에서 드문 일이 아니다. 예를 들어 온라인 여행사는 호텔에 수수료 15%를 청구하는데, 이는 호텔 순이익의 35%에 해당한다.

람들은 바꾸는 걸 좋아하지 않죠."[22]

요식업계는 쓰라린 교훈을 얻었다. 모든 식당이 가장 큰 플랫폼에 등록하는 것은 개별적으로 보면 합리적인 선택이지만 전체적으로는 심각한 문제를 야기할 수 있다. 한 플랫폼의 독주를 허용하는 것은 심각한 전략적 실수다.

지금 우리가 당연하게 여기는 네트워크 효과가 얼마나 많은지 생각해 보면 참 재미있다. 정보를 검색하려면 도서관을 방문해야 했던 시절을 기억하는가? 고등학교 동창을 찾으려면 졸업 앨범과 전화번호부를 샅샅이 뒤져야 했던 시절은? 교통 상황 예측이 과학이 아니라 개인의 경험이나 직감에 의존했던 시절은 기억나는가? 구매하고자 하는 제품을 찾기 위해 발품을 팔았던 일도 생각날 것이다. 네트워크 효과는 오늘날 우리가 생활하고 일하는 방식에 큰 영향을 미친 많은 비즈니스의 근간을 이루고 있다. 기술이 이러한 발전을 가능하게 했지만 네트워크 효과는 이러한 비즈니스가 실제로 구축된 이유이자 대규모 서비스를 제공할 수 있는 인재와 자본을 끌어들인 이유이기도 하다.

네트워크 효과에 대해 생각해 보면 몇 가지 인사이트가 눈에 띈다.

- **네트워크 효과는 사용자를 직접 연결하거나 보완 또는 플랫폼을 통해 연결함으로써 WTP를 높인다.** 네트워크 효과를 구축하는 기업은 WTP를 높이는 동시에 경쟁을 제한한다.
- **시장점유율은 수익성을 예측하기에는 부적합한 지표다.** 따라서 이를 전략적 목표로 사용해서는 안 된다. 단 네트워크 효과가 있는 시장은 예외다. 네트워크 효과는 더 많은 사용자와 더 높은 점유율을

가진 기업에 보상을 제공한다.

- **페이스북 같은 승자 독식 현상은 드물다.** 흥미롭게도 지리적 특성은 네트워크 효과의 전략적 가치를 제한하기도 하고 강화하기도 한다. 지역 특성이 강한 시장에서는 각기 다른 기업이 각기 다른 시장에서 승리한다. 그러나 시장이 작다면 승자 한 명만 존재할 가능성이 더 높다. 그 결과 지역마다 여러 챔피언이 존재한다.

네트워크 효과의 어두운 면은 얼마나 경쟁을 제한하느냐에 따라 달라진다. 최근에는 페이스북, 구글, 알리바바와 같은 기업이 '너무 커진 것 아니냐'에 대해 논란이 뜨겁다.[23] 이 문제를 해결하려면 네트워크 효과로 인한 고객 만족과 경쟁 제한으로 인한 비용을 상호 비교해야 한다. 물론 이것은 새로운 질문이 아니다. 철도나 유틸리티처럼 누구도 경쟁할 수 없을 정도로 규모의 이점을 누리는 자연독점 기업natural monopolies에 대한 규제 역시 단 한 가지 차이점만 뺀다면 유사한 상황이다. 즉 과거의 독점 기업은 시장 지배력을 이용해 가격을 인상하고 고객 만족도를 떨어뜨렸지만 지금은 그 반대의 경우가 더 일반적이다. 낮은 가격이 경쟁과 혁신을 제한하기 때문에 네트워크 효과의 즉각적인 혜택을 포기하는 것이 더 나은 상황이 올 수도 있을까? 아직은 알 수 없다.

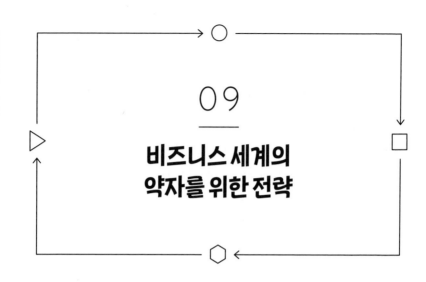

09

비즈니스 세계의
약자를 위한 전략

네트워크 효과는 대기업과 그 고객에게 유리하다. 다른 기업보다 앞서 규모를 확장하는 기업이 상당한 이점을 얻을 수 있기 때문이다. 따라서 네트워크 효과가 있는 비즈니스를 구축하는 것은 미친 듯한 질주처럼 경쟁이 치열한 경기와 같다. 하지만 뒤처진 기업은 어떻게 될까? 소규모 기업은 또 어떨까? 고객 수가 제한적인 기업들을 위한 효과적인 전략은 없는 것일까? 당연히 있다! 네트워크 효과의 혜택을 받는 대기업과 성공적으로 경쟁하고, 때로는 그들을 대체하는 소규모 기업의 사례는 많다. 일부 작은 기업은 규모와 상관없이 고객 만족을 창출하여 성공하며, 어떤 기업은 플랫폼상의 특정 그룹을 우대함으로써 성공을 거두기도 한다. 작은 고객 집단에 서비스하는 것도 뛰어난 성과로 이어질 수 있다. 이 세 가지 전략을 보여주는 몇 가지 사례를 살펴보자.

네트워크 효과에 마법은 없다

우리는 이미 이 전략을 접한 적이 있다. 한때 작은 스타트업이었던 타오바오가 당시 중국 시장에서 85%의 점유율을 차지하며 지배적인 플랫폼이었던 이베이와 어떻게 싸웠는지 기억하는가? 타오바오의 성공이 더욱 놀라운 이유는 이베이와 같은 플랫폼이 네트워크 효과의 혜택을 받기 때문이다. 실제로 당시 이베이 CEO였던 멕 휘트먼Meg Whitman은 이러한 네트워크 효과 덕분에 중국에서 성공할 수 있다는 확신을 갖게 되었다.

타오바오 입장에서는 경쟁 상황이 벅차게 보였을 것이다.(그림 9-1) 가장 먼저 시장에 진입한 이베이는 이미 많은 고객을 확보했고 이로 인해 많은 상점이 판매 플랫폼으로 유입되었다. 이는 전형적인 네트워크 효과의 사례다. 그런데 타오바오는 어떻게 이베이를 따라잡을 수 있었을까? 바로 WTP를 높일 수 있는 다른 방법을 찾았기 때문에 가능했다! 알리페이와 왕왕 같은 서비스의 도움을 얻었고 그 외에도 뛰어난 홈페이지 디자인, 판매자와 구매자로부터 받는 양면 평가 덕분에 타오바오는 성장세를 보였고, 결국 이베이의 고객 만족도를 따라잡을 수 있었다. 타오바오는 규모와 무관하게 작동하는 고객 만족 기능을 개발함

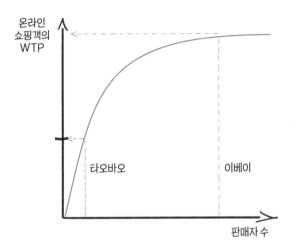

그림 9-1. 네트워크 효과와 경쟁 우위

으로써 이베이를 따라잡고 결국 이베이를 능가했다.

네트워크 효과가 아무리 강력할지라도 궁극적으로 중요한 것은 WTP와 고객 만족이라는 점을 잊어서는 안 된다. 이런 의미에서 네트워크 효과에 마법 같은 것은 없다.[1] 네트워크 효과로 인한 WTP 증가는 사실 훌륭한 아이디어나 뛰어난 고객 경험 또는 더 저렴한 보완재로 인한 WTP 증가보다는 가치가 덜하다.

초거대 기업과 싸워서 이기는 전략

2015년 10월 8일은 수공예품을 판매하는 전자상거래 플랫폼 엣시Etsy

에 암울한 날이었다. 바로 그날 아마존이 핸드메이드Handmade라는 플랫폼을 출시하면서 엣시와 직접 경쟁하게 되었기 때문이다. 〈USA투데이〉는 "아마존이 엣시 킬러를 출시한다."고 보도했고 엣시 주가는 6% 하락했다.[2] 아마존의 우위는 명백했다. CNBC의 캐서린 클리퍼드Catherine Clifford는 "엣시가 우려하는 것은 당연합니다."라고 설명했다. "이 회사는 이미 수공예품 장인들과 상당한 브랜드 연대를 형성했지만 아마존의 고객층과 제품이 더 많이 노출될 가능성이 있습니다. 아마존은 약 2억 8,500만 명의 활성 구매자를 보유하고 있는 반면, 엣시는 2,200만 명에 불과합니다."[3] 플랫폼 경쟁에서는 규모가 이긴다고 했던 말을 기억하는가?

결과는 어땠을까? 아마존이 진출한 이후 5년 동안 엣시 매출은 3배 이상 증가했고 주가는 10배나 올랐다. 엣시와 핸드메이드가 나란히 성장할 수 있었던 이유 중 하나는 두 플랫폼이 서로 다른 그룹을 대상으로 했기 때문이다. 아마존은 철저하게 고객 편에 서서 모든 기능을 고객 입장에서 설계했다. 반면 엣시는 장인을 지원하고 공예 운동에 기여하기 위해 설립되었다. 이러한 지향점의 차이는 상이한 방식으로 나타난다. 엣시는 판매자에게 낮은 수수료를 부과하고 제품이 판매 완료되면 판매 대금을 즉시 지급하는 반면, 아마존은 대금을 일정 기간 보관 후 지급한다. 엣시는 오랜 기간 동안 장인들을 지원하며 광범위한 판매자 교육과 커뮤니티 지원에 참여해 왔으며 2015년에 상장했을 때는 판매자들에게 상장 전 지분투자Pre-IPO에 참여할 기회를 주기도 했다. 아마존이 판매자와 고객 사이의 연락과 상호작용을 엄격하게 통제하는 반면, 엣시 장인들은 고객 연락처 정보를 수집하고 제품 배송 시 홍보

자료를 추가할 수 있었다.[4]

엣시의 판매자 중 한 명인 렐라 바커는 두 플랫폼의 기본적인 차이점을 이렇게 설명한다. "결론적으로 엣시는 영업 수완이 넘치는 장인들을 키운 셈이 됐고 아마존은 장인들을 통해 수익을 올리기만 하면 되는 단계까지 왔다. 이는 아마존의 사업 전략으로는 훌륭하지만 장인들의 커뮤니티에는 이로 인한 이득이 거의 없다. 이들 장인들은 아마존에 단지 돈벌이 수단에 불과한 존재로 전락하지 않을까 우려된다."[5] 두 플랫폼에서 반려동물을 위한 옷과 액세서리를 판매하는 로빈 로메인은 "아마존은 항상 고객 편에 서기 때문에 특히 맞춤형 제품을 판매하는 장인 판매자가 불리한 입장이다."라고 덧붙였다.[6]

플랫폼은 다양한 고객 그룹을 대상으로 서비스를 제공한다. 모든 그룹에서 가치를 창출하는 플랫폼도 있지만 일부는 특정 그룹에 대한 조직의 기본 방향을 보여주기도 한다. 수익률별로 호텔을 정렬하는 여행 사이트는 주로 숙박업계를 대상으로 서비스를 제공하지만 고객 리뷰를 기준으로 정렬하는 사이트는 그 반대의 방향성을 가지고 있는 것이다. 구매자 중심 플랫폼과 판매자 중심 플랫폼의 차이는 B2B에서 특히 극명하게 드러난다. 한쪽 극단에서는 구매 플랫폼이 구매 효율성을 높여 구매자에게 서비스를 제공하는 반면, 판매자 중심의 플랫폼은 업종별 전화번호부와 유사하다. 일부 플랫폼은 시간이 지남에 따라 진화하기도 한다. 예를 들어 알리바바는 처음에는 판매자 중심으로 시작했지만 시간이 지나면서 구매자 중심으로 변화했다.[7] 구매자 중심 플랫폼과 판매자 중심 플랫폼이 경쟁하는 시장에서는 어느 쪽도 상대방의 주요 고객군을 완전히 무시할 수 없는 법이다.[8] 아마존 핸드메이드와 경쟁하다 보니 엣시는 판매자 중심에서 다소 약화되었다. 예를 들어 무료 배송을 제공하는 등 일부 정책에서 아마존을 모방하고 있다. 그러나 많은 유사점에도 불구하고 여전히 큰 차이가 있다.

만일 당신의 기업이 대형 플랫폼에 참여하고 싶은 소규모 기업이라면 경쟁업체가 덜 선호하는 그룹의 WTP에 집중하여 의미 있는 차별화를 만드는 것이 좋을 것이다. 엣시는 판매자의 성공에 집중함으로써 아마존이라는 초거대 기업과의 싸움에서 성공을 거두었다.

제한된 고객층에 집중하는 전략

플랫폼 간의 경쟁에서, 특히 네트워크 효과를 누리는 거대 경쟁사와 맞설 때 기업들이 취하는 전략 중 가장 비논리적인 전략은 작은 고객 집단을 겨냥하는 것이다. 어떻게 하면 작은 규모로 큰 기업을 상대로 성공할 수 있을까? 온라인 데이트 사이트를 예로 들어보자. 월간 방문자 수가 3,500만 명에 달하는 매치닷컴Match.com은 미국 최고의 데이트 사이트다.[9] 이 사이트는 이하모니eharmony와 같은 경쟁업체와 비교가 되지 않을 정도로 압도적인 규모를 자랑한다. 하지만 이하모니는 여전히 성공을 거두고 있다. 더구나 이 회사는 데이트 가능한 이성의 수가 경쟁사보다 훨씬 적은 데도 접속하는 데 추가 요금까지 징수하고 있다.[10] 더욱 놀라운 점은 이 사이트에는 검색 기능이 없는 등 기본적인 서비스가 부족하고 사용자가 하루에 볼 수 있는 잠재 이성의 수가 제한되어 있는데도 이런 요금을 부과한다는 점이다. 어떻게 이런 방식으로 성공할 수 있었을까?

이하모니를 이해하기 위해 데이트 사이트가 더 많은 고객을 유치하기 시작할 때 어떤 일이 일어나는지 생각해 보자. 회원 수가 증가함에 따라 WTP는 두 가지 반대되는 힘에 영향을 받는다.[11] 여성과 데이트를 원하는 남성의 경우 사이트에 더 많은 여성이 가입할수록 WTP가 증가하는데 이것이 바로 고전적인 네트워크 효과다. 다른 말로 교차 네트워크 효과cross-side network effect라고도 하는데, 이는 플랫폼 내에서 서로 다른 그룹 간 연결이 증가하는 효과다.(그림 9-2) 반대로 여성과 데이트를 원하는 남성의 WTP는 사이트에 더 많은 남성이 참여할수록 감소한다. 그만큼 경쟁이 치열해지기 때문이며, 이를 '동일면 네트워크 효과same-side network effect'라고 한다.

매치닷컴과 같은 초대형 사이트에서는 수백만 개의 선택지가 제공되므로 경쟁이 치열하다. 이 두 가지 효과는 이하모니 같은 소규모 사이트에서는 더 완만하게 나타난다. 선택과 경쟁의 균형은 사람들이 데

Ⓐ 교차 네트워크 효과. 데이트 가능 상대가 많을수록 WTP 상승

Ⓑ 동일면 네크워크 효과. 경쟁자가 많을수록 WTP 하락

그림 9-2. 동일면 및 교차 네트워크 효과

이트 사이트를 선택하는 기준이 된다. 연애 상대를 찾는 걸 매우 중요하게 생각하는 사람이 있다고 해보자. 이 사람은 진지한 관계를 가질 때 가장 행복하며 거절당하는 것을 특히 고통스럽게 느낀다. 이런 사람에게는 이하모니가 더 나은 선택이다. 검색 기능도 없고 매일 제한된 수의 잠재적 연애 상대만을 제공하므로 경쟁이 약하기 때문이다.

이제 연애와 상관없이 행복한 사람을 떠올려 보자. 거절당하는 것은 여전히 불쾌하지만 그다지 큰 영향을 미치지는 않는다. 이 사람은 이하모니를 보고 '선택의 폭이 작은데 왜 추가 요금까지 지불해야 하지?'라고 생각할 것이다. 연애 상대를 찾는 사람들에게 이하모니의 가격 정책은 선호하는 사이트를 찾는 데 도움이 되는 요소다. 진지한 관계를 원하는 사람들은 이하모니로 몰려들고, 이는 사이트에서의 경험을 더욱 향상시킨다. 회원인 안젤라 G의 설명이 전형적인 예다. "저는 이하모니를 정말 좋아합니다. 매치닷컴이나 플렌티오브피시Plenty of Fish와 같은 다른 사이트에서는 성공하지 못했지만 이하모니에서는 실제 결과를 얻었어요. 정말 잘 맞는 사람을 만나게 해주죠."[12]

여기서 알 수 있는 것은 모든 대형 플랫폼이 다양한 유형의 고객에게 맞추어 서비스를 제공한다는 점이다. 하지만 각 유형 간의 매력이 다양하므로 서로에게 큰 가치를 두는 개인을 위한 소규모 플랫폼을 구축하는 것도 유망한 전략이 될 수 있다.

플랫폼 참여자들이 상대방에 대해 느끼는 매력이 다르다는 점에 주의를 기울이지 않으면 심각한 결과를 초래할 수 있다. 페이스북보다 먼저 등장한 소셜 네트워크 프렌드스터Friendster를 기억하는가? 프렌드스터는 엄청난 인기를 끌었다. 사실 너무 성공적이어서 가입을 원하는 모든 사람에게 서비스를 제공할 수 없을 정도였다. 사용자 증가를 따라잡을 수 있는 기술적, 재정적 능력이 부족했기 때문이다. "프렌드스터는 기술 문제가 많았습니다. 사람들은 2년 동안 웹사이트에 로그인하는 것도 힘들었죠."라고 회사 설립자인 조너선 에이브럼스Jonathan Abrams는 회상한다.[13] 이러한 문제를 해결하기 위해 프렌드스터는 신규 사용자를 선착순으로 등록하기로 결정했는데, 이는 사이트 사용자가 지리적으로 분산되어 있었다는 점에서 큰 실수였다. 프렌드스터는 북미 지역에 많은 팬을 보유하고 있었지만 인도네시아에서도 인기가 있었다. 그러나 인도네시아인을 네트워크에 추가해도 대부분의 미국인에게는 인도네시아인 친구가 없었기 때문에 WTP는 상승하지 않았다. 또한 미국 사용자 기반을 늘리는 것도 대부분의 인도네시아인에게는 의미가 없었다. 신규 사용자를 선착순으로 받아들임으로써 프렌드스터는 네트워크 효과를 희석시켰고, 이는 경쟁을 더욱 어렵게 만들었다.

프렌드스터와 페이스북을 비교해 보자. 페이스북은 처음에는 한 대학에, 그다음에는 몇몇 선택된 대학에 초점을 맞추어 강력한 네트워크 효과를 구축했다. 페이스북이 전 세계를 지배하게 된 것은 초기에 성장 속도를 제한하여 구성원들이 서로 연결되는 것을 매우 중요하게 여기는 소규모 커뮤니티를 만들었기 때문이다.

인도의 소셜 네트워크인 셰어챗ShareChat은 14개 현지 언어로 서비스를 제공함으로써 동일한 전략을 적용하고 있다. "인도 네티즌들은 현지 언어로 된 콘텐츠에서 정보를 검색하는 것이 매우 어렵습니다."라고 공동설립자 겸 CEO 안쿠시 사흐데바Ankush Sachdeva는 설명한다. "영어권 사용자들을 위해 쿼라Quora나 레딧Reddit 같은 플랫폼이 이 문제를 해결했지만 인도 현지 언어로 체계적으로 준비된 콘텐츠는 없었습니다."[14] 소규모 현지 언어와 콘텐츠에 중점을 둔 트위터 지원의 셰어챗은 월간 활성 이용자 1억 6,000만 명을 끌어들이며 인도에서 인스타그램만큼 인기를 끌고 있다.[15]

소규모 고객 그룹의 상호 유인을 강화하기 위해 일부 기업들은 서비스를 세분화하기도 한다. 예를 들어 이스탄불의 맥 애슬레틱 클럽MAC Athletic Club은 세 가지 유형의 회원권을 제공한다. 최상위 등급 회원은 피트니스에 대한 WTP가 가장 높으며, 특히 최고급 시설을 이용할 수 있는 프리미엄 요금이 부과된다. 또한 맥클럽은 회사의 최상위 고객과 함께 일하고자 하는 개인 트레이너에게 프리미엄 가격을 부과한다. 피트니스에 큰 가치를 두는 회원과 개인 트레이너의 이런 조합은 양쪽 모두에게 매력적일 수밖에 없다.

네트워크 효과를 누릴 수 있는 사업을 하려는 경우 '제한된 고객층에 집중하라'는 말이 가장 논리적으로 맞는 조언은 아니다. 하지만 그럼에도 불구하고 좋은 조언인 것은 확실하다. 서로 연결됨으로써 가장 큰 혜택을 누릴 수 있는 일부 사용자 그룹에 서비스를 제공함으로써 훨씬 더 큰 플랫폼과 경쟁할 수 있을 것이다.

네트워크 효과의 혜택을 받는 기업을 연구하던 초창기에는 많은 투자자들이 이러한 기업이 결국 시장을 지배할 수 있을 것이라고 생각했다. 수익성을 고려하지 않고 우선 빠르게 확장하는 것이 최우선 과제였다.[16] 이러한 접근 방식은 두 가지 이유에서 심각한 결함이 있다. 8장에서 우리는 이미 지리적 위치가 네트워크 효과의 힘을 어떻게 제한하는지 살펴보았고, 이 장에서는 네트워크 효과가 있는 시장에서는 소규모

플레이어가 지속할 수 있는 방법을 찾기 때문에 경쟁력이 유지되는 경우가 많다는 것을 알아보았다.

- **열세 기업은 규모에 의존하지 않는 방식으로 WTP를 높인다.** 네트워크 효과는 WTP를 높이는 한 가지 방법이지만 다른 방법도 많다. 이러한 대안이 상당한 투자를 필요로 하지 않는 한, 소규모 조직도 이를 활용하는 데 불리하지 않다.
- **열세 기업은 소외된 그룹을 대상으로 서비스한다.** 대부분의 플랫폼은 특정 그룹(고객이나 공급업체)을 선호한다. 소외된 그룹을 대상으로 서비스를 제공하면 의미 있는 차별화를 이룰 수 있다.
- **열세 기업은 서로 간의 연결을 중요하게 생각하는 소규모 고객 그룹에 집중한다.** 네트워크 효과의 강도를 나타내는 일반 지표인 사용자 수는 항상 불완전한 지표였다. 실제로 고객들은 연결되는 그룹에 따라 가치를 다르게 부여한다. 지배적인 플랫폼은 가장 많은 사용자를 자랑하지만 작은 기업도 가치가 높은 연결을 강조하는 방식으로 사업을 구축할 수 있다.

3부

직원과 공급업체를 위한 가치를 생각하라

Better, simpler strategy

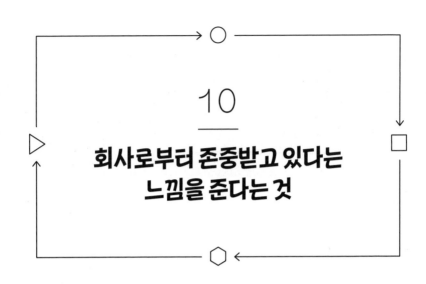

10

회사로부터 존중받고 있다는
느낌을 준다는 것

높은 급여만이 생산성을 높일까?

우리는 지금까지 훨씬 더 매력적인 제품, 보완재, 네트워크 효과 등 기업이 WTP를 높일 수 있는 여러 방법을 살펴보았다. 이제는 가치 막대기 하단에 있는, 직원과 공급업체에 가치를 창출하여 재무성과를 개선하는 방법을 살펴보겠다.

먼저 직원을 보자. 서비스업은 선진국 경제를 지배한다. 이것은 미국 GDP의 거의 80%를 차지하는데 직원의 참여의식에 따라 비용과 고객에 대한 가치가 크게 달라진다. 그러면 과연 재능 있고 의욕적인 직원을 어떻게 유치할 수 있을까? 근로자가 직장에서 얻는 기쁨과 만족은 그들이 받는 보상과 WTS의 차이로 나타난다. 회사가 직원을 계속 고용하는 데 필요한 최소한의 급여만 지급한다면 보상은 WTS와 일치한다. 기업이 보상을 늘리거나 근무 환경을 개선하면 더 나은 성과를 낼 수 있다.(그림 10-1)

처음에는 더 많은 급여와 개선된 근무 조건이 모두 동일한 효과, 즉 더 높은 직원 만족을 가져오는 것처럼 보일 수 있다. 최종 결과는 같을 수 있지만 두 전략 간에는 중요한 차이점이 있다. 보상을 늘리면 회사 마진이 낮아진다. 가치 창출은 없고 재분배만 이루어진 셈이다. 반대로 더 매력적인 근무 조건은 사람이 업무에 대해 기꺼이 받아들일 수 있는 최저 보상인 WTS를 낮춤으로써 더 많은 가치를 창출한다.

그림 10-1. **직원 만족도 제고 방법**

　　WTS를 낮추는 방법을 찾는 기업은 직원들의 만족도가 높을 뿐 아니라 회사가 WTS를 낮추는 방법을 특히 중요하게 생각하는 근로자를 끌어들인다. 예를 들어 플로리다에서 병원과 외래환자 센터를 운영하는 베이케어BayCare는 전국적으로 높은 교육 수준을 인정받고 있다.[1] 그들의 혁신적인 프로그램에는 개별 학습 지도와 고위 리더와 정기적인 상호작용 등이 포함되어 있다. 당연히 베이케어는 지속적인 훈련과 교육을 중시하는 의료 전문가들에게 특히 매력적이다. 우버는 선별 효과를 누리는 또 다른 기업이다. 우버는 승객 신원을 기록하고 운전자가 고객을 평가할 수 있도록 함으로써 운전자가 더 안전하게 일할 수 있다. 그 결과 미국 내 일반 택시 회사보다 여성 운전자 수가 거의 두 배나 많다.[2]

　　이러한 선별 효과는 우수한 인재를 유지하고 유치하는 데 특히 유용하다. 그리고 잘 알겠지만 이러한 인재는 중요한 차이를 만들어낼 수 있다. 백화점 노드스트롬Nordstrom의 최우수 판매 직원은 평균적인 판매 직원보다 8배나 많은 물건을 판매한다. 애플의 최고 개발자는 기술업계 평균 소프트웨어 엔지니어보다 생산성이 9배 더 높다.[3] 하지만 오직 넉넉한 급여로 우수한 인재를 유치하려는 기업은 이런 선별 효과가 큰 역할을 못한다는 점을 알게 되었다. 왜 그럴까? 누구나 돈을 좋아하는데 말이다!

　　물론 보상 중심의 인재 전략은 선별 효과가 약하기는 하지만 돈이 주는 보편적인 매력은 강점이 될 수 있다. 그러나 특히 보수가 높은 직원들 사이에서는 보상 증가가 주는 효능이 생각보다 적다. 독일 철도 회사 도이체반Deutsche Bahn이 직원들에게 임금 2.6% 인상, 주당 근무시간

1시간 단축, 연간 6일의 추가 휴가 중 하나를 선택하도록 했을 때 58%
가 추가 휴가를 선택했다.[4] 돈과 시간을 교환하는 기회는 특히 선진국
과 젊은층 사이에서 점점 인기를 얻고 있다.[*5]

　더 나은 근무 환경을 조성하는 모든 노력은 가치를 창출한다. 그러나
이러한 프로그램은 비용이 많이 들기 때문에 기업이 그 가치를 수익화
하기 어렵다. 왜냐하면 WTS가 떨어질수록 비용이 증가하기 때문이다.
이 장에서는 기업이 인재로부터 가치를 창출하고 동시에 이를 수익화
하기 위해 사용하는 메커니즘에 대해 살펴보겠다.

좋은 일자리 전략이 가져온 놀라운 성공

메리앤 카마초MaryAnn Camacho가 처음 퀘스트 다이아그노스틱스Quest
Diagnostics 콜센터에 들어서자 많은 사람들이 무료하게 대기 중이었다.[6]
그날 오후 카마초는 그 긴장된 표정을 짓는 사람들이 50여 명의 신입
고객서비스 직원이라는 말을 들었다. 임상실험 업계에서 약 80억 달러
매출을 올리는 선도적인 기업 퀘스트의 전무이사 카마초는 '직원 수가
400명인 콜센터에 신입 직원이 50명이라고?'라며 의아해 했던 기억을
떠올렸다. 카마초는 곧 이 회사가 높은 직원 이직률로 어려움을 겪고
있으며, 입사 첫해에 60%의 상담원이 퇴사하고, 이로 인해 연간 5,000
만 달러 이상의 비용이 발생한다는 사실을 알게 되었다. 더 큰 문제는

---

* 가난한 근로자들 사이에서는 여전히 보상이 최우선순위다. 중국 이주 근로자의 80%는 이직하고 싶은
　이유로 '낮은 임금'을 꼽는다.

높은 이직률로 서비스 품질이 저하되고, 심지어 고객을 잃는 경우도 종종 발생했다는 점이다.

퀘스트 콜센터에서 일하는 것은 결코 쉬운 일이 아니었다.(2020년 팬데믹으로 인해 더욱 힘들어졌다.) 매일 850명의 상담원과 50명의 슈퍼바이저가 약 5만 5,000건의 전화에 응답했으며, 이 중 대부분은 검사 결과와 관련해 환자들이 걸어온 전화였다. 의사나 병원과 대화하려면 어느 정도 전문적인 내용을 알아야 하기 때문에 담당자는 검사 절차 및 3,000가지 진단 테스트에 대한 기본적인 이해가 필요하다. 신입 직원은 6주간 강의실 교육을 받았고, 초기 교육 후 2주 동안은 경력 직원과 함께 일했다. 2015년 카마초가 퀘스트에 입사했을 때 콜센터 직원들의 초봉은 시간당 13달러였는데, 이는 당시만 해도 다른 콜센터에 비해 조금 높은 금액이었다. 퀘스트는 통화 대기 시간과 시간당 통화 완료 건수 등의 지표를 사용하여 성과를 측정했기 때문에 우수한 성과를 거둔 상담원은 첫해에 2.5% 연봉 인상을 받았다. 하지만 이런 인센티브에도 여전히 통화 품질은 좋지 않았고, 의사와 환자들은 종종 불만을 제기했다.

당신이 카마초라고 상상해 보자. 이 콜센터를 어떻게 개선할 수 있을까? 비용을 낮추고 고객 WTP를 높여 퀘스트의 경쟁 우위를 확보할 수 있을까? 카마초의 지휘 아래 콜센터는 대대적인 변화를 겪었다. 이직률은 34%에서 16%로 감소했고 무단 결근 역시 12.4%에서 4.2%로 줄었다. 60초 이내에 응답하는 전화 비율은 50%에서 70%로 증가했으며 최초 통화 해결 건수 및 시간당 처리 건수도 증가했다. 근무 환경 개선이 이러한 변화를 일으킨 것이다. 카마초와 직원들은 더 나은 업무

環경을 구축하기 위해 여러 조직에서 성공적으로 입증된 프로세스 요소들을 따라했다.[7]

환골탈태를 위한 퀘스트의 전략

- **악순환의 고리 끊기:** 퀘스트는 악순환의 고리에 갇혀 있었다. 센터의 낮은 성과는 높은 이직률로 이어졌고, 이로 인해 직원에 대한 투자가 어려웠다. 카마초는 이 악순환을 끊을 방법을 찾아야 했다. 그녀는 모든 직원의 기본 보수를 인상하고 근속 기간과 업무 성과에 따라 보상하는 인센티브를 도입하여 이를 달성했다. 또한 콜센터 직원들이 경력을 개발할 수 있게 명확한 로드맵을 마련했다. 월별 성과 평가 시 상사는 각 상담원과 성과, 개인 목표, 경력 진로 등에 대해 논의하기 시작했다.

- **기대치 상향:** 카마초는 자신이 직원들에게 높은 기대치를 가지고 있음을 분명히 보여주었다. 그녀는 센터의 성과 지표를 확대하고 더 엄격한 출석 정책을 도입했다. "저성과자를 계속 두면 안 됩니다. 팀에 악영향을 미치기 때문입니다."라고 그녀는 설명한다.[8]

- **업무 간소화:** 업무를 더 쉽게 하기 위해 FAQ나 챗봇 등을 활용한 셀프 서비스 옵션을 확대하여 통화량을 10% 줄였다. 또한 각 팀에 주제별 전문가를 추가로 배치하여 좀 더 심층적인 기술 전문성을 제공했다.

- **역량 강화:** 퇴사율이 줄어든 만큼 교육은 더욱 큰 의미가 되었다. 퀘스트는 교육 내용을 고객 중심으로 재편했다. 교육 담당자는 이렇게 말한다. "예전에는 기능 중심 교육이었지만 이제는 우리가 이런 일을

하는 '이유'에 대해 교육할 수 있게 되었습니다."[9] 한편 직원들은 지속적인 개선 기법에 대한 전문 지식을 갖춘 중앙 리소스인 퀘스트 관리시스템Quest Management System, QMS 팀의 일원으로 지원할 수 있다. QMS 신청 시 지원자는 일곱 가지 프로세스 개선 사항을 제안해야 한다. 팀에 합격하면 엑셀, 데이터 수집, 근본 원인 해결, 간트 차트Gantt chart(프로젝트 일정 관리를 위한 바 모양의 도구-옮긴이), 회의 및 변화 관리 기법 등을 배운다. 또한 콜센터 팀은 프로세스 개선을 제안하고 실행하는 역할을 담당하는 모델 포드model pods가 되기 위해 경쟁한다. "직원들은 모두 투자와 교육을 받고 싶어 했고, 실제로 모델 포드의 일을 할 수 있다고 믿었기 때문에 우리 모두는 그들의 능력에 놀라지 않을 수 없었습니다."라고 카마초는 기억한다. "직원들은 눈물을 흘리며 '우리에게 이런 능력이 있는 줄 몰랐어요. 지금 이 상황을 믿을 수 없어요.'라고 말하더군요. 그래서 저는 '누구에게나 기회가 오면 사람들은 이를 잡을 수 있어요'라고 말해주었습니다."[10]

- **변화를 현실로 만들기**: QMS 팀과 모델 포드는 곧 업무를 더 쉽고 효율적으로 만드는 방법을 발견했다. 이중 언어를 구사하는 담당자는 발신자가 선호하는 언어를 미리 알 수 있어 통화 시간이 20초 정도 절약되고, 중앙에 있는 팩스기를 사용하기 위해 일어나지 않고 데스크톱에서 팩스를 보낼 수 있게 되었으며, 의사를 호출할 때 환자 ID가 포함되어 있어 관련 검사 결과를 쉽게 불러올 수 있었다. 모델 포드가 고안한 이런 뛰어난 아이디어는 시스템 전체에 빠르게 구현되어 눈에 띄는 변화와 추진력을 만들어냈다.

  현장 아이디어 카드Frontline Idea Cards, FIC에서도 귀중한 제안이 나왔다. 제이넵 톤Zeynep Ton 교수는 퀘스트의 변화를 연구하면서 콜센터 담당자들을 인터뷰했는데 그들 중 상당수가 아이디어 카드에 특히 열광했다. 한 담당자는 일반적인 반응을 이렇게 설명했다. "FIC가 가장 중요한 변화였습니다. 이 카드를 통해 우리는 '우리를 도와줄 사람이 필요합니다. 새로운 도구나 프로세스가 필요합니다'라고 말할 수 있게 되었습니다. 그리고 우리는 이러한 변화를 만드는 데 참여할 수 있었습니다." 또 다른 담당자는 "FIC 이전에는 자신의 아이디어가 반영되고 있다는 느낌을 받은 적이 없었습니다. 누군가에게 무언가를 말할 수는 있지만 아무 데도 전달되지 않았죠. 이제는 경영진이 우리 아이디어와 감정에 관심을 기울이는 것 같은 느낌이 듭니다."[11]

- **권한 이양:** 퀘스트의 상향식 접근 방법은 지속적인 변화에 대한 책임을 의도적으로 개별 담당자와 팀에게 이양한다. 모델 포드는 매일 허들huddle(팀의 상사가 선택한 담당자가 이끄는 짧은 회의)을 위해 모인다. 톤 교수는 관찰 결과를 이렇게 말한다. "처음에는 담당자들이 무엇을 해야 할지 몰랐지만 시간이 지남에 따라 허들 모임이 더욱 체계화되었습니다. 팀원들은 성과 지표, 개선 아이디어, 현재 진행 중인 프로젝트에 대해 논의했습니다."[12]

- **포상 활성화:** 예를 들어 회사는 6%의 보너스 풀을 만들어 탁월한 성과를 금전적으로 보상하는 등 좀 더 상징적인 방식으로 성과를 인정했다. 와우 콜Wow call은 고객으로부터 칭찬받은 직원을 포상하는 제도다. 모니터링 통화에서 뛰어난 성과를 달성한 100 클럽 회원에게는 무료 간식을 제공하며 효과가 좋은 FIC에게는 소정의 선물을 주었다. 퀘스트의 변화를 연구한 톤 교수는 퀘스트가 '좋은 일자리 전략'을

교과서적으로 적용하고 있다고 칭찬한다. "이 전략은 직원에 대한 투자와 생산성, 기여도, 동기를 높이는 네 가지 운영 선택 사항을 결합하여 우수한 가치를 창출합니다. 여기서 네 가지 선택 사항이란 집중 및 간소화, 표준화 및 권한 부여, 교차 훈련 및 여유 있는 운영을 말합니다."[13]

더 나은 근무 환경이 WTS와 WTP에 미치는 영향

퀘스트의 변화를 관찰한 결과 특히 두 가지가 흥미로웠다. 첫 번째는 그 어떤 변화도 전례 없는 획기적인 혁신이 아니라는 점이다. 서비스 품질을 연구하는 학자라면 퀘스트가 보여준 노력 중에서 여러 과정을 쉽게 알아볼 수 있을 것이다. 조직을 변화하기 위해 필요한 것은 좀 더 매력적인 업무 환경을 조성하기 위한 신중하고 사려 깊은 시도였으며, 이러한 접근 방식으로 WTS를 크게 낮출 수 있었다. 퀘스트는 WTS를 줄이고 급여를 인상함으로써 직원 만족도를 높였고, 그 결과 이직률이 현저히 감소한 것이다.

둘째, 퀘스트의 변화는 WTS가 변화하면 비용도 변한다는 것을 잘 보여준다. 퀘스트는 콜센터 직원의 생산성을 높였기 때문에 직원들에게 더 많은 급여를 지급하고 지출을 억제할 수 있었다.** 퀘스트의 재무 데이터는 통화당 비용이 변하지 않았음을 보여준다. 즉 이 회사는

** 서비스 제공 단위(예를 들어 퀘스트의 경우 전화 한 통)에 대해 가치 막대기를 그려보자. 생산성이 증가하면 (예를 들어 통화 시간이 단축되면) 통화당 비용과 WTS가 감소한다. 직원이 최소한 요구하는 보상인 WTS는 통화 시간이 짧으니 당연히 더 낮아질 것이다. 당신이 하루에 20통의 전화를 받아야 한다고 가정해 보자. 만일 하루 종일이 아니고 반나절 만에 모든 통화를 완료한다면 WTS는 더 낮아질 것이다.

그림 10-2. 생산성 향상으로 인한 WTS 감소와 WTP 증가

더 스마트하게 일할 수 있는 모든 방법을 고안해 낸 직원들에게 효율성 향상에 따른 모든 가치를 전적으로 넘긴 것이다.(그림 10-2)

　여러 다른 서비스 환경에서와 마찬가지로 더 나은 근무 환경은 서비스 품질과 고객 WTP에도 영향을 미쳤다. "전에는 영업팀으로부터 '콜센터가 고객과의 관계를 망치는 바람에 방금 백만 달러짜리 거래가 날아갔습니다'라는 식의 전화나 이메일을 받기도 했지만 이제 그런 일이 완전히 사라졌습니다."라고 사장 짐 데이비스Jim Davis 는 말한다.[14] 정확하게 측정하기는 어렵지만 통화 품질 향상은 퀘스트의 변화가 더 매력적인 근무 환경과 더 나은 임금을 직원들에게 제공하고 더 강력한 재무성과를 기업에 제공하여 모든 사람을 행복하게 만들었다는 것을 의미한다.

WTS를 낮추기 위한 갭의 전략

WTS를 줄일 수 있는 방법은 무수히 많다. 이러한 기회를 파악하려면 조직에서 수행되는 업무, 각 활동과 관련된 보람과 어려움, 직원들이 일상의 변화에 반응하는 방식을 자세히 이해해야 한다. WTP를 높이는 방법을 찾으려면 고객에 대한 깊은 이해가 필요한 것처럼, WTS를 낮추는 방법을 파악하려면 직원 및 직원들(업무) 생활에 먼저 친밀감을 가져야 한다. 4장의 WTP에 대한 논의에서 보았듯이 제품과 판매에만 초점을 맞추는 것은 전체 고객 경험에 훈련된 더 넓은 시각과 비교하면 별로 도움이 되지 않는다. WTS도 마찬가지다. 우리 일을 더 매력적으로 만드는 것은 프로세스 최적화보다 훨씬 광범위한 수준의 노력이다. 왜냐하면 우리 일은 우리가 매일 수행하는 좁은 활동 세트 이상이기 때문이다. 우리 일에는 업무 피드백의 어조, 동료들과 나누는 웃음, 어려운 과제에 직면했을 때 느끼는 불안감, 출퇴근, 구내식당의 메뉴 선택, 아침에 옷을 입고 나설 때의 즐거움(또는 두려움)이 포함된다. 그리고 이러한 업무의 모든 측면은 개선될 수 있다.

13만 5,000명의 직원을 두고 있으며 그중 상당수가 파트타임 직원인 소매 의류 회사 갭Gap Inc.을 떠올려 보자.[15] 일반적으로 직원 만족도를 높이려면 평균보다 높은 급여를 제공하고 좀 더 많은 교육 훈련을 제공하며, 매장 관리자가 직원들에게 더 효과적으로 동기를 부여하는 것이 당연한 일이다. 하지만 갭은 일반적으로 소매업체에서는 거의 신경 쓰지 않지만 시간제 아르바이트 직원에게는 매우 중요한 업무 측면, 즉 예측가능하고 일관성 있는 근무 체계를 만들려고 했다. 소매업계에서 일하는 시간제 직원의 80%는 근무시간이 매주 달라진다고 답했다. 그리고 변화의 폭도 매우 커서 평균 근무시간 변동폭이 40%에 달하는 것이 일반적이다. 게다가 소매업 근로자의 3분의 1 이상이 일주일 전에나 자신의 일정을 미리 알기 때문에 어떤 종류의 계획도 세우기 어렵다고 불평했다.[16]

갭은 매장 직원들의 삶을 개선하기 위해 노동시장 전문가 팀과 협업했다. 연구진은 샌프란시스코와 시카고에서 무작위로 선정된 매장 관리자 그룹을 대상으로 근무 시작 및 종료 시간을 표준화하고(원래 예상 내방 고객의 규모에 따라 매일, 매주 달라진다), 매주 동일한 시간에 교대 근무를 할 수 있도록 직원들 스케줄을 조정하고, 핵심 직원 그룹에 최소 20시간의 근무시간을 제공하고, 이를 위해 특별히 설계된 앱 시프트 메신저Shift Messenger를 사용하여 직원들이 시간을 교환할 수 있도록 하는 네 가지 변화를 도입했다.[17] 결과는 어땠을까? 10개월 후 실험에 참여하지 않은 매장과 비교했을 때 노동생산성은 6.8% 증가했고 매출은 약 300만 달러가 증가했다. 특히 시프트 메신저가 큰 도움이 되었다. 실험 기간 동안 직원의 3분의 2가 이 앱을 사용했으며, 5,000건 이상의 교대 근무가 이루어졌다. 또한 이 앱은 직원이 원하지 않는 교대 근무를 관리자가 가져가 분배할 수 있도록 허용하여 직원 수입에는 변화 없이 효과적으로 인력을 줄일 수 있었다.[18] 또한 회사 개입으로 인력 생산성이 향상되었을 뿐 아니라 직원들은 삶의 질이 향상되고 수면의 질이 좋아졌다고 보고했다.[19]

갭의 실험은 소매업 이외의 산업에도 적용할 수 있는 중요한 교훈을 알려준다. WTS는 모든 업무 관련 활동을 반영한다. 직장 생활을 포괄적으로 이해하면 직원들의 만족도를 높일 수 있는 여러 기회를 발견할 수 있다.

직원의 WTS를 낮추는 방법

기업의 가격 설정 방식은 내게 끝없이 매력적인 연구 주제다. 마케팅 임원들과 대화할 때면 항상 회사의 가격 정책에 대해 물어보는데 그들의 답변에서 '프리미엄 가격' '가격 리더십' '가치 기반 가격 책정' 및 이와 유사한 개념에 대한 이야기를 자주 듣는다. 인사 부서 전문가들에게 보상 정책은 어떤지 질문하면 거의 항상 "우리는 시장가격을 지불합니다."라는 대답이 돌아온다.

이는 매우 흥미로운 대조를 이룬다. 제품 및 서비스 가격을 책정할 때 우리는 차이를 고려한다. 프리미엄 제품에는 프리미엄 가격을 지불하고 중간 품질의 제품은 할인받아야 한다고 일반적으로 생각한다. 우리는 두 제품이 완전히 동일하지 않으며, 그 차이가 가격에 반영된다고 알고 있다. 네슬레가 생필품인 물을 프리미엄 가격으로 판매하는 걸 보면, 소비자 마음속에 차별화되지 않는 제품은 거의 없는 것 같다.

하지만 일자리는 다르다. 인재 확보 경쟁을 고려할 때 우리는 일자리가 기업마다 거의 비슷한 상품이라고 여긴다. 이것이 우리가 '시장가격'을 지불해야 한다고 생각하는 이유다. 즉 업무가 비슷하면 보상도 비슷해야 한다고 생각한다. 왜 우리는 상품과 일자리를 서로 다른 관점으로 바라볼까? 만약 우리가 물을 차별화할 수 있다면 일자리와 업무 경험도 차별화할 수 있고, 따라서 그 차이가 보상 정책에도 반영되어야 하지 않을까?

데이터는 그렇다는 것을 보여준다. 미국의 보상 패턴을 보면 비슷한 업무에 대해 회사마다 매우 다른 급여를 지급하고 있음을 분명히 알 수 있다. 그림 10-3은 특정 직업군에서 해당 지역 시장 평균보다 더 많이 받거나 적게 받는 근로자 비율을 보여준다. 그림 10-3은 한 직종에서 평균보다 더 많은 급여를 받는 근로자와 더 적은 급여를 받는 근로자의 비율을 보여준다.[20]

그 편차는 엄청나다. 그림 10-3에서 보듯 기업이 평균 임금(0으로 표시된 선)보다 20% 더 많거나 20% 더 적게 지불하는 일은 드물지 않다. 물론 이러한 차이에는 여러 가지 이유가 있다. 같은 직종에 종사하는 직원이라도 교육 수준, 경험, 업무에 대한 책임감이 서로 다르기 마

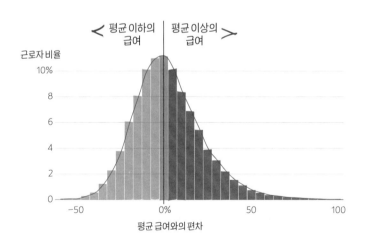

그림 10-3. 특정 노동시장 내 동일 일자리 간 급여 차이

런이다. 또한 회사마다 경영 방식과 문화가 다르다. 게다가 개인에 따라 직무적합도가 엄청난 차이를 보일 수도 있다. 보상 차이가 발생하는 원인—직원이 가진 능력, 회사 특성, 이 둘 간의 적합성—에 대한 연구에 따르면, 이러한 차이의 20%(미국)에서 30%(프랑스, 브라질)는 회사 특성 때문에 발생한다고 한다.[21] 경쟁사보다 훨씬 적은 급여를 지불하면서도 똑같이 우수한 인재를 확보하는 일이 가능하냐고 생각하겠지만, 실제로 많은 기업이 그렇게 하고 있다는 걸 데이터는 명확히 보여준다. 이게 어떻게 가능할까? 직원의 WTS를 낮추는 항목에 투자하기 때문이다.

인재 시장에서 경쟁력을 유지하기 위해 기업은 경쟁사의 제안에 '맞추어야' 한다. 하지만 맞춘다는 말이 항상 동일한 보상(시장가격)을 지불한다는 뜻은 아니다. 이는 경쟁사만큼 직원들에게 가치를 창출한다는 뜻인데, 여기서 가치는 보상과 WTP 차이를 말한다.

그림 10-4에서 보듯 가격 설정 논리는 보상 설정 논리와 동일하다. 가치 막대기 맨 위에는 기업이 프리미엄 제품을 제공하여 WTP를 높인다. 그런 다음 프리미엄 가격을 부과하여 추가 가치를 공유한다. 가격 인상분이 WTP 상승분보다 작으면 고객과 기업 모두에 이익이다. 가치 막대기 맨 아래에서 기업은 더 매력적인 근무 조건을 만들어 WTS를 낮춘다. 그런 다음 보상을 줄여 이 가치를 공유한다. WTS 하락분이 급여 감소분보다 크면 직원과 기업 모두 이익을 본다.

여기서 흥미로운 질문 하나가 떠오른다. 가치 창출과 가치 수익화 논리가 가치 막대기 양쪽 끝에서 동일하다면 프리미엄 가격 책정을 장려하는 것이 보상 감소를 주장하는 것과 왜 그렇게 다르게 느껴질까? 실

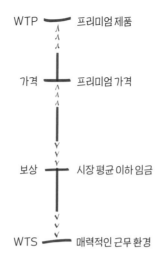

그림 10-4. 가치 증가 및 공유 방식

제로는 상당히 유사한 가격 정책을 마케팅 담당자와 인사 담당자는 왜 이렇게 다른 용어로 설명할까? 두 가지로 추측해 볼 수 있다.

- **힘:** 직원과 고객은 가치 창출(높은 WTP, 낮은 WTS)이 상당히 이루어지고 나서 (프리미엄 가격 정책과 보상 감소를 통한) 가치 실현이 제한적으로 이루어질 때 더 이익을 얻는다. 하지만 반드시 그렇다는 보장은 없다. 기업이 WTP를 먼저 높이지 않고 가격을 인상하면 고객이 손해를 입게 되고 근무 조건 개선 없이 보상이 줄어들면 직원들이 피해를 입는다. 기업이 가치를 높이지 않고 가격을 올리려고 할 때 고객과 직원에게 미치는 영향은 매우 다르다.

  고객에게는 쉬운 해결 방법이 있다. 제품을 구매하지 않으면 된다.

하지만 직원일 때는 상황이 더 복잡하다. 우리 대부분은 직장이 필요하며 비록 직장 만족도가 낮더라도 이를 그만두는 것은 재정적으로, 그리고 감정적으로 힘든 경우가 많다. 월마트가 대표적인 예다. 정치인들은 '초박봉 임금starvation wages'을 지급한다며 이 회사를 비난한다. 하지만 정치인들은 월마트의 저임금이 노동시장에서 이 기업의 협상력을 반영하는 것이지 WTS를 낮추려는 노력 때문은 아니라고 생각한다.[22]

- **경험:** 현재 직장에 만족하는가? 시간이 지나면서 만족도에 변화가 있었나? 거의 모든 사람이 '그렇다'라고 대답할 것이다. WTS 구성 요소 중 많은 부분은 경험에 의존하는데 새로운 직무와 회사 문화를 배우는 데는 시간이 걸린다. 첫 번째 심각한 실수를 저지르면 어떻게 될까? 회사가 다음 승진 때 당신을 배려하겠다는 약속을 지킬까? 시장 평균보다 낮은 보상은 즉각적이고 확실하게 알 수 있다. 그러나 더 매력적인 근무 조건은 시간이 지나면서 느껴지며 새로운 직장을 선택할 때는 바로 알기 어렵다.

WTS를 낮춰 인재를 확보하려는 경쟁이 (유망하기는 하지만) 까다로운 이유는 바로 힘과 경험 때문이다. 당신의 기업이 이런 가능성을 생각한다면 다음 네 가지 권장 사항을 제시한다.

- **구체적이어야 한다:** 더 나은 근무 조건을 제시하여 인재를 확보하기 위해 경쟁한다면 WTS를 줄이는 방법을 구체적으로 제시해야 한다. "우리 회사에는 훌륭한 문화가 있습니다"라는 말은 사실일 수 있

지만 입사 지원자가 이를 확인하기는 어렵다. 좀 더 확실성을 제공할
수 있는 방법을 생각해 보라. 지원자가 하루 종일 회사에 나와서 업
무 환경을 체험할 수 있도록 하는가? 현 직원과 비공개로 대화를 나
누게 하는가? 퇴직한 직원과 상담할 수 있도록 허용하는가?

예측 가능해야 한다: 예측 가능한 방식으로 WTS를 낮추는 제도가
있어야 한다. 예를 들어 유연근무시간제와 재택근무는 이해하기도
쉽고 간단하게 적용할 수 있다. 당연히 코로나19 이전에 실시한 연
구에 따르면 원격 근무를 선택한 (그리고 승인된) 직원들이 직무에
더 만족하고 회사에 더 충성하는 경향이 있다고 한다.[23]

• **직원들과 가치를 공유해라:** 직원들과 가치를 공유하는 다양한 방법
을 고민해 보자. 보상을 줄이는 것은 근무 환경을 개선함으로써 가치
를 창출하는 여러 가지 방법 중 하나일 뿐이다. 예를 들어 학비를 지
원 제공하는 회사는 더 숙련된 직원을 유치할 수 있다.[24] 앞에서 보
았지만 퀘스트는 생산성 향상이라는 형태로 가치를 공유했다.

• **기존 혜택을 확대해라:** WTS를 낮추는 데에는 업무 편의(예를 들어
개선된 멘토링 활동)를 늘리는 것과 불편 시설(소음 유발 시설)을 줄
이는 것이 결국 같은 효과를 내는 것처럼 보이기도 한다. 두 가지 노
력이 비슷한 가치를 창출한다면 똑같이 바람직하지 않을까? 일반적
으로는 그렇지 않다. 직원들이 직장을 어떻게 선택했는지 생각해 보
라. 시끄러운 환경에서 일하는 일자리를 수락한 사람은 소음에 민감
하지 않을 가능성이 높다. 따라서 소음을 줄이는 일이 이 그룹에는
큰 의미가 없을 것이다. 반면에 기존 멘토링 프로그램이 멘토링에 관
심 있는 직원들을 끌어들였다면 멘토링 개선이 더 큰 잠재력이 될 수

있다. 일반적으로 기존 단점을 보완하는 것보다 기존 혜택을 확대하는 것이 회사에 더 많은 이익을 준다.

내 경험에 의하면 WTS는 가치 막대기를 구성하는 네 가지 요소 중 가장 직관적이지 않은 요소다. 하지만 이 장의 사례에서 알 수 있듯이 업무 매력을 높여 WTS를 낮추는 것은 직원과 회사를 위한 가치를 창출하는 강력한 방법이다. 특히 아래 사항이 중요하다.

• **복잡한 방식이 아니어도 일자리를 더 매력적으로 만들 수 있다.** 직원 대상 설문조사를 참고하라. 퀘스트 사례에서 본 대로 직원들에게는 업무를 더 즐겁게 만들 수 있는 여러 아이디어가 있다. 동시에 생산성도 높일 수 있는 기발한 아이디어를 찾아보자.
• **WTS를 줄일 수 있는 매력적인 기회를 찾으려면 업무가 직원들의 삶에 영향을 미치는 다양한 방식을 잘 파악해야 한다.** 러시아워를 피한 쾌적한 출퇴근은 업무 프로세스 개선만큼이나 가치 있을 수 있다.
• **WTS를 줄이는 행동은 직원 만족도를 높일 뿐 아니라 강력한 선별 효과도 창출한다.** WTS를 줄이는 방법을 중시하는 직원에게 효과가 좋다.
• **WTS를 낮추는 방법을 선택할 때는 기대했던 선별 효과가 비즈니스 목표를 지원하는지 고려하라.** 예를 들어 구글은 미군을 위한 수익성 좋은 작업과 중국용 검색엔진 개발을 포기했는데, 이는 직원들이 해당 프로젝트가 애초에 자신들이 구글에 입사한 동기, 즉 구글의 가치와 상이하다며 항의했기 때문이었다.[25] 구글이 행동 강령에

서 "사악해서는 안 된다Don't be evil"라는 항목을 삭제한 지 오래되었지만 직원들의 선별 효과 때문에 구글은 군사 계약과 직원들의 지속적인 열정 사이에서 선택을 해야 했고, 결국 후자를 택했다.

- **WTS를 성공적으로 낮춘 기업은 다양한 방식으로 자신이 창출하는 가치에 참여할 수 있다.** 일부 기업은 시장보다 낮은 보상을 제공하기도 하고, 어떤 기업은 직원들이 더 높은 충성도와 참여도를 보이기도 한다. 하지만 WTS를 낮춘 기업에는 대부분 입사 지원자가 더 많이 몰린다.

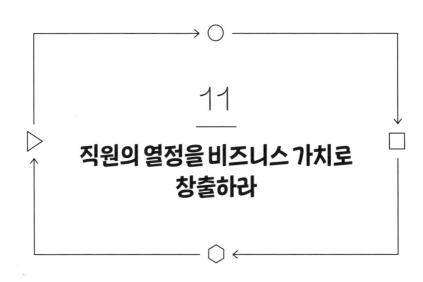

11
직원의 열정을 비즈니스 가치로 창출하라

기업은 디지털 기술을 이용해 새로운 방식으로 인재를 확보할 수 있다. 특히 유연성이 향상되면서 새로운 가치 창출 방식이 가능하다.(그림 11-1) 예를 들어보자. 현대 사회에는 자신이 원하는 근무시간을 배정받지 못하는 직원들이 많다. 최근 영국에서 진행한 조사에 따르면 남성 3분의 1과 여성 4분의 1이 근무시간을 줄이고 싶다고 답했지만 약 6%는 더 많은 시간을 일하고 싶어 했다.[1] 디지털 기술은 이러한 불일치를 방지하는 데 도움이 될 수 있다. 가장 극단적으로는 근로자와 업무를 연결하는 디지털 플랫폼이 완벽한 유연성을 제공한다. 예를 들어 태스크래빗TaskRabbit의 유지 보수 직원, 탑코

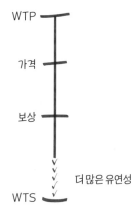

그림 11-1. 임시 일자리와 열정

더Topcoder의 소프트웨어 엔지니어, 메카니컬 터크Mechanical Turk의 데이터 입력 직원, 이노센티브Innocentive의 과학자들은 원하는 시간에 자유롭게 일할 수 있다.

 개인이 근무시간을 선택할 수 있을 때 얼마나 많은 가치가 창출될까?[2] 우버가 좋은 예다. 임시직 근로자와 마찬가지로 운전자는 거의 제한 없이 앱에 들락날락할 수 있다. 어떤 사람들은 요금이 특히 높아 가장 수익성이 높은 시간대만 선택한다. 다른 사람들은 주로 본업 수입이 적을 때만 나와서 운전한다.*[3] M. 케이스 챈M. Keith Chen 교수와 연구팀이 우버 운전자 20만 명을 대상으로 WTS를 계산한 결과, 운전자별로 시간대별로 큰 차이를 발견했다.[4] 그림 11-2는 필라델피아에서 저녁 시간대에 일하는 운전자 100명의 WTS를 예로 들어 보여준다.[5]

---

* 미국에서는 승차 공유 운전자의 3분의 1만이 운전을 주 수입원으로 삼는다.

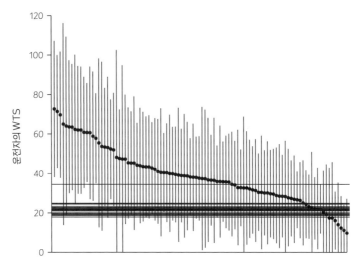

그림 11-2. 필라델피아 저녁 근무 우버 운전자 100명의 WTS

검은색 점은 각 운전자의 평균 WTS를 나타낸다. 세로선은 시간 경과에 따라 이 사람의 WTS가 얼마나 변하는지 보여준다. 그림 11-2의 첫 번째 운전자를 보자. 그의 평균 WTS는 시간당 70달러 이상이지만 40달러 미만(10번째 백분위수)에서 100달러 이상(90번째 백분위수)까지 다양하다. 그림 가로선은 이 저녁 시간대에 운전했을 경우 운전자가 벌어들일 수 있는 수입을 나타내는데 보통 시간당 20달러 정도다.** 수입이 이 정도라면 첫 번째 운전자는 저녁에는 절대 일하지 않을 것이다. 그의 WTS가 항상 시간당 수입보다 크기 때문이다. 실제로 이 사람은 저녁 시간을 매우 기피하는 것으로 보이며 저녁에 그를 일하게 하려

** 20달러 전부 운전자의 순수익이 아니며, 그중에서 유류대와 기타 운영비를 제외해야 한다.

178

면 평균적으로 시간당 70달러 이상은 필요하다. 저녁에 자녀를 돌보거나 야간 운전의 안전이 걱정되거나 배우자가 저녁에 가족 차량을 이용해야 하기 때문일지도 모른다. 저녁에 일을 하는 운전자는 그림 11-2 오른쪽에 나와 있다. 평균적으로 이들의 WTS는 11.67달러다.

수직선을 보면 일반 근로자들이 근무시간을 선택할 수 있는 능력을 얼마나 중요하게 생각하는지 알 수 있다. 완전한 유연성이 있는 이들 운전자는 WTS가 시간당 수입보다 낮을 때만 근무한다. 이를 유연성 없는 직업, 즉 일반 택시 기사의 고정 근무와 비교해 보자. 이 경우 운전자는 때때로 WTS가 보상보다 클 때, 즉 가치가 사라졌을 때 일해야 하는 반면, WTS가 시간당 수입보다 낮을 때는 운전을 할 수 없어 가치를 창출할 기회를 놓치고 만다. 첸 교수와 연구팀 계산에 의하면 우버 택시와 일반 택시의 수입 차이는 주당 135달러라고 한다.[6] 다시 말해 유연성은 6.7시간 운전만큼의 가치를 창출한다는 뜻이다.

유연근무와 가치 창출의 관계

유연한 근무시간의 장점을 인정하는 기업은 우버 같은 디지털 플랫폼만이 아니다. 많은 기업에서 유연근무제 프로그램을 도입하고 있다. 우리는 이미 갭의 시프트 메신저를 통해 직원들이 근무시간을 교환할 수 있는 방법을 살펴보았다. 다른 유연근무제 정책에는 근무시간 이동, 초미니 이동제(자녀의 학교 연극 관람 등을 위해 일부 시간을 자유롭게 이동할 수 있는 프로그램), 파트타임 근무, 압축근무(풀타임으로 근무하되

근무일수를 줄인다), 직주근접 근무제, 직무 공유, 유급 휴가 및 안식년 같은 장기 프로그램, 심지어 세계적인 회계법인 딜로이트Deloitte의 대규모 경력 맞춤 프로그램처럼 경력을 '확대dial up' 또는 '축소dial down'하는 방법도 포함된다.[7] 최근 전 세계 750개 기업을 대상으로 실시한 설문조사에서 60%는 일부 직원에게 근무 시작 및 종료 시간을 선택할 수 있도록 허용한다고 답했으며, 3분의 1은 단축 근무를 제공했다.[8] 한편 팬데믹으로 인해 이러한 유연근무제 전환이 더욱 가속화될 것으로 예상된다.

유연근무제에 대한 기업들의 노력은 상당한 진전을 이루었지만 여전히 많은 기업의 정책은 유연근무제 요구를 포용하지 못하고 있다. 인적 자원 스타트업 베르크Werk의 공동 CEO 애니 딘Annie Dean과 안나 아우어바흐Anna Auerbach가 전문사무직 1,500명에게 직장의 유연성에 대해 질문한 결과, 회사 프로그램과 직원들 선호도 사이에 큰 격차가 있음을 알 수 있었다.(그림 11-3)[9]

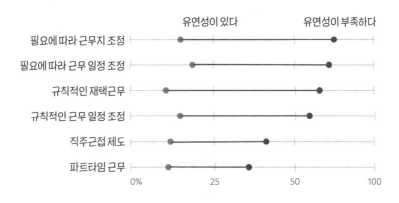

그림 11-3. **직장의 유연성 차이**(화이트칼라 전문직 대상)

더 큰 문제는 유연근무제 수용이다. 유연근무제 도입은 첫 번째 단계이지만 직원들이 실제로 사용하는 것은 또 다른 문제다. 전문적인 서비스를 제공하는 회사가 대표적인 예다. 거의 모든 회사가 유연근무제 정책을 가지고 있지만 직원 대부분이 이를 활용하지 않는다.[10] 가장 큰 이유는 직원들이 유연근무제를 요청하면 경력에 타격을 입는다고 생각하기 때문이다. 한 일선 관리자는 이렇게 말한다. "이곳의 문화는 은행에 목숨과 영혼을 바치는 것입니다. 그래서 최고위직 중역들이 그 자리에 오를 수 있었죠. 휴가나 유연근무 시간을 요청하면 겁쟁이로 간주됩니다.[11] 특히 여성의 경우 유연근무 시간 정책을 이용하면 경력 발전 기회에 큰 타격을 입습니다."[12]

유연근무제를 통해 조직 내 직원들의 가치 창출 방법을 고민할 때 다음 사항을 염두에 두자.

- **KPI가 장시간 근무가 아닌 생산성을 강조할 때 직원들이 유연근무제를 활용할 가능성이 더 높다.** 예를 들어 시간당 급여를 지급하는 문화에서는 유연근무 프로그램이 큰 차이를 만들지 못할 것이다.
- **롤모델이 중요하다.** (일부) 고위 관리자가 유연하게 근무하는 경우 조직 전체에서 유연근무제를 더 긍정적으로 받아들인다.[13]
- **유연근무제에 관해 공개적으로 대화하자.** 연구에 따르면 사람들 대부분은 다른 사람들이 자신보다 유연근무제를 덜 긍정적으로 본다고 생각한다. 솔직한 대화는 이러한 집단 편견을 줄이는 데 도움이 되기도 한다.[14]
- **장시간 근무 문화를 자랑스럽게 여기지 말자.** 가격 비교 사이트 머

니슈퍼마켓닷컴Moneysupermarkt.com의 HR 담당 중역인 케이트 햄프Kate Hamp는 다음과 같이 설명한다. "누군가 큰 프로젝트를 완수하거나 사내 포상을 받으면 해당 직원을 장시간 근무했다고 칭찬하지 말라고 관리자에게 이야기합니다." 이 회사는 분권된 의사 결정(직원과 팀이 유연근무제 도입 결정)과 계약서 조항이 아니라 상사와의 대화, 즉 비공식적인 합의를 강조하는 효과적인 유연근무제 문화를 구축했다.[15]

열정을 비즈니스 활동으로 연결시키는 방법

유연성은 많은 경우에서 상당한 가치가 있다. 게다가 개인적인 열정과 결합할 때는 진정한 변화를 가져올 수 있다. 자신이 무엇에 관심이 있는지 생각해 보라. 가장 좋아하는 취미는 무엇인가? 혹시 당신은 정원사인가? 작가? 영화광? ─ 미안하다 ─ 영화애호가? 우리의 열정은 강력한 방식으로 WTS에 영향을 미친다. 우리에게는 보상 없이 순수한 즐거움을 위해 추구하는 활동이 있다. 이 경우 WTS는 0이거나, 심지어 좋아하는 취미 활동에 기꺼이 돈을 지불한다면 마이너스일수도 있다. 열정은 WTS를 낮추지만 좋아하는 활동에 투자하는 시간은 이를 상쇄하는 힘이다. 깨어 있는 모든 시간 동안 정원을 가꾼다고 상상해 보라. 부유한 사람이 아니라면 취미를 직업으로 전환할 방법을 찾아야 할 것이다. 열정에 투자하는 시간이 많을수록 실제 수익을 창출할 수 있는 다른 기회를 놓치기 때문에 열정을 추구하는 비용이 더 많이 든다. WTS는 이러한 시간의 기회비용을 반영한다. 이러한 이유로 시간 제한

이 있는 일과 개인적인 열정을 결합하는 것이 특히 더 매력적으로 다가온다.

지금까지는 사람들의 열정을 비즈니스 활동으로 연결시키는 것이 어려웠다. 두 가지 장애물이 있었기 때문이다. 첫째, 과거에는 특별한 열정을 가진 사람을 찾기가 쉽지 않았다. 더 중요한 것은 아무리 열정적인 사람이라도 많은 시간을 일에 투입하라고 요구하면 시간의 기회비용(즉 WTS)이 상당하다는 점이다. 하지만 인터넷 등장은 이 두 가지 장애물을 크게 줄였다. 이제 어떤 분야에 열정을 가진 사람들을 만나기가 훨씬 쉬워졌고, 열정적인 사람들은 낮은 수준의 강도로 자신의 취미를 추구할 수 있어 기회비용과 WTS를 낮출 수 있다.

여행 작가, 시민 기자, 그래픽 디자이너, 도서 평론가, 프리랜서 사진 작가 등 다양한 직업에 걸쳐 열정적인 사람들이 자신이 가장 좋아하는 활동을 추구하고 있다. 요리를 좋아하는 사람들을 위한 온라인 커뮤니티 푸드52Food52는 실시간으로 궁금한 점에 대한 답변을 제공하는 키친 핫라인을 운영하고 있다. 이 핫라인에는 5만 명의 전문 셰프와 요리 애호가가 참여하여 자신의 전문 지식(및 레시피)을 커뮤니티의 100만 회원과 자유롭게 공유한다.[16]

상업적으로 경쟁력 있는 융합동력원을 개발하려는 캐나다 기업 제너럴 퓨전General Fusion도 주목할 만하다. 이 회사는 220파운드짜리 해머로 구체를 내리쳐 액체 납을 통해 압력파를 발생시키는 작업 방식을 취한다. 그림 11-4는 해머를 담고 있는 피스톤을 보여준다. 회사에서 오픈 이노베이션을 관리하는 브렌던 캐시디Brendan Cassidy는 제너럴 퓨전이 과학자와 엔지니어의 열정과 전문성을 어떻게 활용했는지 설명한다. "우리가 직면한 문제는 해머가 부딪히는 표면의 모루가 용기 내부의 용융 금속을 밀봉하고 모루 외부에 진공을 만들어야 한다는 것이었습니다. 이것이 바로 '이게 우리 전문 분야가 아니라서'라고 말하는 그런 경우였죠. 우리는 이 해머 제작과 관련된 많은 것을 알고 있지만 밀봉은 다른 사람들의 경험 필요하다고 생각했습니다."[17] 제너럴 퓨전은 다른 사람들의 경험을 활용하기 위해 약 40만 명의 전문가 네트워크에 기업을 연결해 주는 온라인 플랫폼 이노센티브InnoCentive를 활용했다. 엔지니어 229여 명이 제너럴 퓨전의 기술 개요에 접근하여 64명이 솔루션을 제출했고, 제너럴 퓨전은 MIT 출신 엔지니어 커비 미첨Kirby Meachum에게 2만 달러의 상금을 포상했다.

간단한 요리 레시피부터 고도의 기술 조언까지, 비즈니스를 구축하고 혁신을 가속화하기 위해 외부 크리에이티브와 전문가에게 일상적

그림 11-4. 제너럴 퓨전의 플라스마 압축용 피스톤
(출처: 위키미디어 커먼스)

으로 의존하는 기업이 점점 더 많아지고 있다. 물론 이러한 전문가들이 제공하는 서비스 목록에 본질적으로 흥미롭고 지적으로 자극을 주는 활동이 포함되어 있는 것은 우연이 아니다. 커뮤니티 기반 비즈니스(푸드52)와 개방형 혁신(이노센티브)의 경제성은 열정과 단기간 일이 결합되어 있다는 점에서 유리하다. ('긱 이코노미'의 '긱gig'은 1920년대 재즈 뮤지션의 속어로 단기간 계약을 의미한다) 열정과 단기간 일이 합쳐지면 뛰어난 품질과 합리적인 보수를 얻을 수 있다. 푸드52는 '이달의 기여자'에게 25달러를 수여한다. 이노센티브는 석유기업 BP, NASA, 루게릭병의 바이오마커를 찾고자 하는 비영리 단체 프라이즈포라이프Prize4Life 같은 다양한 조직의 복잡한 기술 과제를 해결하는 데 도움을 주었다. 모든 콘테스트를 통틀어 이노센티브 챌린지 참가에 따른 기대 가치는 125달러다.[18]

그래픽 디자인 서비스를 위한 온라인 마켓플레이스 크라우드스프링Crowdspring은 기업과 외부 인재를 연결해 주는 플랫폼 영향력을 보여주는 좋은 예다. 크라우드스프링의 전문 분야 중 하나는 로고 디자인 콘테스트다. 이 콘테스트에서 브랜드 관리자가 원하는 로고를 설명하면 20만 명 이상의 프리랜서 네트워크에 속한 디자이너가 제안서를 제출한다. 일반적인 콘테스트에는 평균 약 35명의 디자이너가 참여하여 디자인 115개를 제작한다.[19] 그런 다음 기업은 디자이너가 작업을 개선할 수 있도록 피드백을 제공한다. 프로젝트는 7일 동안 진행된다. 기업은 우승한 디자이너에게 보통 약 300달러 상금을 지급하는데 그 대가로 저작권을 소유한다.

동료 교수 다니엘 그로스Daniel Gross는 이러한 디자인 콘테스트 4,000

개 이상을 연구하여 피드백이 품질을 향상시키는 방법(매우 긍정적인 효과가 있음)과 다른 사람들이 받는 피드백을 보는 것이 지속적인 참여에 어떤 영향을 미치는지(가장 실력이 떨어지는 디자이너들이 가장 빨리 포기함) 더 잘 알 수 있었다. 그는 또한 독창적인 연구 설계를 통해 크라우드스프링 디자인 대회에 참가하는 이익과 비용을 계산했는데, 그 결과는 그림 11-5에 나와 있다.

종합해 볼 때 디자이너들은 상금보다 훨씬 더 많은 비용을 부담하고 있다. 모든 디자이너가 자신이 우승할 확률을 잘 알고 있다면 총 비용과 상금이 균형을 이룰 테고, 그림 11-5에서 비용/상금 비율이 1을 초과하는 공모전은 없을 것이다. 그러나 실제로는 너무 많은 디자이너가 너무 적은 돈으로 작업하고 있는 것 같다.

저렴한 가격에 높은 품질을 제공한다는 긱 이코노미 플랫폼의 약속

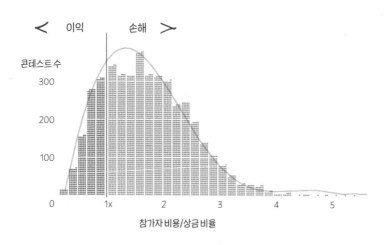

그림 11-5. 로고 디자인 콘테스트

은 환상에 불과할까? 긱워크의 이점이 (대부분 절박한) 프리랜서의 희생을 대가로 제공된다는 사실이 진실일까? 옳은 일을 하고자 하는 사업가로서 적은 돈으로 고품질 작업을 제공하겠다는 사람이 있다면 거절해야 할까? 이러한 질문은 긱 이코노미 플랫폼에 대한 논쟁과 이러한 비즈니스 규제 필요성에 대한 핵심 논쟁이다.

가치 창출 원칙을 윤리적 기준으로 이러한 문제를 살펴보자. 직원과 독립 계약자가 더 나은 생활을 할 수 있도록 하는 한, 모든 기업 운영 방식은 옹호될 수 있다. 프리랜서가 적은 돈을 받고 일한다고 해서 그 자체가 착취당하고 있다는 증거는 아니다. 그 일에 대한 그들의 WTS가 정말 낮을 수도 있다. 하지만 이는 추가적인 조사가 필요하다는 경고 신호다. 이 경우 다음과 같은 질문을 던져보기 바란다.

- **WTS가 낮다는 것을 믿을 수 있을까?** 본질적으로 매력적이지 않은 일이라면 대답은 아마도 '아니오'일 것이다. WTS를 낮추는 것은 열정이라는 점을 잊어서는 안 된다. 또한 그런 일이 주 수입원인 계약자의 경우 WTS가 높을 가능성이 많다. 예를 들어 집 청소만 전업으로 하는 사람과 맺는 계약은 낮은 WTS가 전제되면 안 된다.
- **이 계약이 금전 보상 이외의 가치를 창출하는가?** 크라우드스프링 디자이너들이 적은 보수를 받고 일하는 이유 중 하나는 돈 이외의 다른 혜택을 기대하기 때문이다. 일부는 회사 피드백을 통해 배우기를 희망하며, 또 다른 사람들은 평판을 쌓으려고 한다. 어떤 경우에는 회사가 제공하는 (보상이 더 좋은) 후속 작업을 기대한다. 제너럴 퓨전이 커비 미첨과 계약을 맺고 그의 아이디어를 더욱 발전시킨 것이

좋은 예다. 어떤 경우에는 로고 디자이너가 회사 홈페이지 디자인을
계속하기도 한다.

- **장기 이익을 기대하는 것이 합리적인가?** 긱워커가 장기 이익의 가
  치를 추정하는 것은 쉽지 않다. 보수가 낮은 프리랜서가 추가 작업을
  수주할 가능성은 얼마나 될까? 무급 계약이 정규직으로 전환될 가능
  성은 얼마나 될까? 개인보다 기업이 장기적인 전망에 대해 더 잘 알
  고 있는 경우가 많다. 기업이 이러한 정보 우위를 악용하지 않는 것
  이 중요하다. 예를 들어 우버에서 운전을 시작한 운전자 중 3분의 2
  가 6개월 후에는 이 플랫폼을 그만둔다고 한다.[20] 그 이유는 운전자
  가 곤경에 처했을 때만 우버에서 일하기 때문이며, 또 다른 이유는
  우버가 운전자의 기대치를 제대로 충족하지 못하기 때문이다.

- **낮은 WTS에 낮은 보상으로 대응하는 것이 과연 기업에 최선의 이
  익일까?** 미국의 뉴스 및 오피니언 웹사이트 〈허프포스트HuffPost〉는
  시민 저널리스트와 작가 지망생을 가장 먼저 활용한 플랫폼이다.
  2018년까지 10만 명 이상 기고자가 〈허프포스트〉에 콘텐츠를 제공
  했다. 그것도 무료로! 하지만 그해 초 모든 것이 끝났다. 〈허프포스
  트〉는 기고자 플랫폼을 폐쇄하고 '스마트하고 진정성 있으며 시의적
  절하고 엄격한 칼럼'을 생산할 소수의 유료 저널리스트로 초점을 전
  환했다.[21] 〈포브스Forbes〉나 〈허스트Hearst〉 등 대규모 기고자 커뮤니티
  를 보유한 다른 출판사도 그 뒤를 따랐다.[22] 콘텐츠 비용을 지불하지
  않자 품질이 매우 다양한 엄청난 기사가 쏟아져 나왔다. 사용자 콘
  텐츠를 마케팅에 활용하는 데 주력하는 스타트업 올라픽Olapic의 공
  동 창업자 파우 사브리나Pau Sabria는 이렇게 설명한다. "미디어 기업들

이 더 높은 품질의 콘텐츠로 급격하게 변화했습니다. 형태가 다른 미디어와 경쟁할 때 독자들에게 나쁜 경험을 제공할 여유가 전혀 없습니다."[23] 물론 당신은 이 장의 서두에서 다룬 이 효과에 대해 잘 알고 있을 것이다. 보상 정책은 강력한 선별 효과를 유도한다. WTS가 정말 낮은 경우에도 직원 및 프리랜서와 더 많은 가치를 공유하면 업무 질에 큰 영향을 미칠 수 있다.

유연근무제와 긱 이코노미 비즈니스 모델을 살펴보면서 다음과 같은 인사이트를 얻었다.

• **기업과 열정적인 근로자를 연결하는 디지털 플랫폼은 기업 경계를 변화시키는 데 도움이 될 수 있다.** 회사 내부에서만 이루어지던 활동이 외부로 이동하거나 새로운 방식으로 긱워커 및 독립 계약자의 노력과 결합될 수 있으며, 그 결과 저렴한 비용으로 뛰어난 품질을 제공하는 경우가 많다. 미국에서는 현재 인력의 약 10%가 비전통적인 일자리에 종사하고 있다.[24] 비용 우위를 확보하기 위해 기업 경계를 이동하는 방법에 대해 생각하지 않는다면 경쟁자한테 뒤처질 수 있다.
• **WTS를 낮추는 데 효과적인 직장의 유연성은 2020년에도 여전히 미흡한 상황이다.**
• **유연근무 제도 규정을 만드는 것은 단지 첫 단계일 뿐이다.** 직원들이 유연성을 활용하도록 장려하려면 더 광범위한 분야에서 조직문화가 변화해야 한다. 조직의 리더로서 역할 모델이 되고 싶어 하든

말든 당신의 행동은 다른 많은 사람에게 영향을 미칠 것이다.

- **사람들의 열정을 기업 목적과 연결하는 것은 가치 창출을 위한 흥미로운 방법이다.** 이는 프로젝트와 활동이 본질적으로 흥미롭고, 제한된 시간만 요구한다면 가장 효과적이다.

- **열정적인 개인을 참여시키려면 그들의 기대치를 신중하게 고려해야 한다.** 긱워크는 근로자들에게 상당한 가치를 창출할 수 있지만, 동시에 그들을 착취할 위험도 있다. 최고의 기업들은 긱워커가 합리적인 기대치를 가지고 창출된 가치를 공유할 수 있도록 확실한 지침과 실행 방안을 개발해야 한다

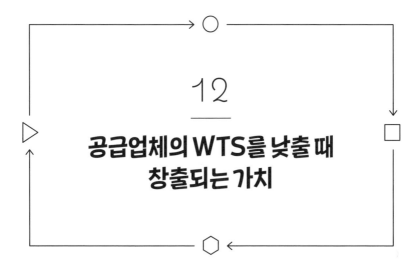

12

공급업체의 WTS를 낮출 때 창출되는 가치

2016년 6월, 자동차 좌석 구성부품을 납품하는 프리벤트Prevent 그룹의 계열사 카 트림Car Trim의 CEO 바히딘 페리즈Vahidin Feriz는 불길한 팩스 메시지를 받았다. 안 좋은 소식이었다. 카 트림의 주요 고객 중 하나인 폭스바겐Volkswagen이 카 트림이 생산한 가죽 시트에 품질 결함이 있다며 5억 유로 규모의 공동 개발 프로젝트를 취소하겠다고 통보한 것이다. 최근 배기가스 스캔들로 상당한 재정적 압박을 받던 폭스바겐이 프로젝트 개시 불과 이틀 전에 이를 통보한 것이다.[1] 카 트림은 소송을 제기했다. 폭스바겐이 손해배상금 지급을 거부하자 카 트림과 또 다른 프리벤트 계열사 ES 거스ES Guss는 모든 부품 공급을 중단했고 폭스바겐은 공장 6곳 생산을 중단하고 3만 명에 가까운 직원에게 휴직을 통보했다.

복수는 2년 후에 이루어졌다. 프리벤트가 가격 인상을 시도하자 폭스바겐은 그룹에 남아 있던 모든 계약을 취소했다. 이제 프리벤트 계열사들은 감원을 단행해야 했고 한 회사는 파산을 선언하기도 했다. 2020년 현재도 법원은 이 분쟁에 대해 판결을 내리지 못했다.

프리벤트와 폭스바겐의 싸움은 극단적인 예이지만 구매자와 공급업체 간의 긴장 관계는 흔한 일이다. 예를 들어 아마존은 전자상거래에서 막강한 지위를 이용해 마켓플레이스 공급업체에 불리한 결제 조건을 강요한다. 아마존이 고객에게 수익을 회수하는 데는 22일이 걸리지만 공급업체에 대금을 지급하는 데는 80일이 걸린다. 마켓플레이스 공급업체는 사실상 아마존의 은행 역할을 하며 회사 성장에 필요한 자금을 지원하는 셈이다.[2] 오프라인 소매업체도 비슷한 사례를 보여준다. 소매업체가 자체 브랜드 제품을 도입하면 수익이 크게 증가한다. 한 가지 중요한 이점은 새로운 자체 브랜드 제품을 도입하면 소매업체가 기존 브랜드 상품 제조업체를 압박할 수 있다는 점이다.[3]

그림 12-1은 이러한 긴장 관계를 보여준다. 기업은 공급업체에 더 적은 비용을 지불하여 마진을 늘리고 싶어 한다. 그러면 공급업체는 당연히 반발한다. 공급업체는 자신의 잉여, 즉 WTS와 비용 사이의 차이를 확대하려고 한다. 하지만 이러한 노력은 가치를 창출하지 못한다. 어느 한 쪽이 얻는 것이 무엇이든 그것은 다른 쪽의 주머니에서 나와야 하기 때문이다.

물론 수익성을 높일 수 있는 두 번째 방법이 있다. 공급업체의 WTS

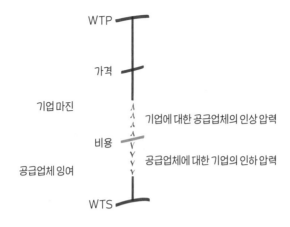

그림 12-1. 정해진 가치를 놓고 벌어지는 기업과 공급업체 간의 분쟁

를 줄일 수 있다면 더 많은 가치가 창출된다. 그러면 기업과 공급업체가 동시에 더 이익을 볼 수 있다. 공급업체의 WTS란 그들이 기업으로부터 받을 수 있는 최저 가격이라는 것을 기억할 것이다. 그림 12-1에 표시된 것처럼 기업이 WTS보다 더 많은 비용을 지불하면 공급업체는 WTS에 내장된 수익보다 더 큰 잉여 마진을 얻게 된다.

WTS는 구매자와 공급업자의 조합에 따라 달라지는데 이는 둘 사이의 관계에 따라 결정된다. 예를 들어 공급업자가 유명 기업에 제품을 공급해 유명세를 타면 WTS가 낮아진다. 함께 일하기 골치 아픈 기업이라면 공급업체의 WTS는 더 높아질 것이다.

이런 식의 구매자별 고려 사항은 별도로 하고 실제로 공급업체의 WTS를 낮추려면 어떻게 해야 할까? 공급하는 것이 더 비용 효율적cost effective이면 된다. 공급업체의 업무를 쉽게 해주는 당신 회사의 모든 행동과, 생산성을 높여주는 모든 투자는 공급업체의 WTS를 낮추고 더 많은 가치를 창출할 것이다.[4] 인쇄 서비스를 위한 B2B 마켓플레이스 라쿠스루Raksul를 예로 들어 보자. 고객은 이 플랫폼에서 일본에 있는 2만 5,000여 개 인쇄 회사들의 가격을 비교할 수 있다. 성공은 빠르게 찾아왔지만 라쿠스루의 창업자 마츠모토 야스카네Matsumoto Yasukane는 행복하지 않았다. 매일 아침 거울을 보며 "오늘이 내 인생의 마지막 날이라면 오늘 내가 하려는 일을 하고 싶을까?"[5]라고 물었다. 마츠모토는 라쿠스루의 리스팅 서비스를 생각하고는 '아니다'라는 결론을 내렸다. 하기에 따라 그는 훨씬 더 많은 가치를 창출할 수 있었다. 그의 지휘 아래 회사는 고도로 효율적인 매칭 서비스를 구축하여 인쇄기 여유 용량이 넉넉한 업체에 클라이언트의 주문을 보냈다. 마츠모토가 여유 용량이 있고 적합한 장비를 갖춘 인쇄업체가 특히 WTS가 낮다는 점을 파악했기 때문이었다. 또한 전직 도요타 엔지니어를 고용하여 업체의 현장 운영 개선에 착수해서 WTS를 더욱 낮추었다. 이를 통해 창출한 가치를 인쇄업체는 물론 가격 인하 혜택을 누린 고객과도 공유했다.

라쿠스루는 신중한 공급업체 선정과 전문 관리 지식의 이전이라는 두 가지 메커니즘을 통해 공급업체가 낮은 WTS의 혜택을 누릴 수 있도록 만든 좋은 예다. 이 장에서는 선도적인 기업들이 이 두 가지 기법을 어떻게 활용하는지 살펴보겠다.

나이키가 생산성 비례 방식을 도입한 이유

기업 대부분은 포괄적인 계약 및 서비스 수준 협약서를 통해 공급업체의 의무 사항을 상세히 규정한다. 또한 공급업체의 행동에 대한 기대치를 설명하는 행동 강령을 마련하기도 한다. 2000년 초 나이키는 공급업체에 린 생산방식lean manufacturing을 가르치기로 결정하여 공급업체와 더욱 긴밀한 협력을 모색했다.[6] 도요타 생산 시스템으로도 알려진 린 생산방식은 새로운 접근 방식은 아니었지만 나이키 공급업체들은 그때까지 이를 도입하지 않고 있었다.[7] 글로벌 구매 및 제조 부문 부사장 게리 로저스Gerry Rogers는 "전 세계적으로 올바른 역량을 갖춘 업체를 찾기란 매우 힘듭니다. 특히 엄청난 제품 전문화가 있는 이 산업에서는 더욱 그렇습니다. 거래만 하고 문제가 발생할 때마다 서로 헤어지는 것은 누구에게도 이익이 되지 않습니다. 기업이 성장하면 그에 따라 새로운 장애물에 직면하는데 우리는 실제로 모범 사례 구축이나 공동 협업을 통해 도움을 줄 수 있습니다."[8]

린 생산방식으로 약 400개의 나이키 신발 및 의류 공급업체는 큰 변화를 겪어야 했다. 전통적인 의류 공장은 재봉, 다림질, 포장 활동을 분리하고 각 공정 사이에 상당한 완충재고를 두었다. 그러나 린 생산을 도입한 공장은 기계와 작업자를 하나의 생산라인으로 통합하고 공정 사이클 타임(의류 한 벌을 완성하는 데 걸리는 시간)과 택트 타임tact time(고객이 요구하는 수요를 맞추기 위한 의류 한 벌의 생산 시간) 균형을 맞춘다. 나이키는 공급업체가 린 인증을 받기 위해 여덟 가지 변경 사항을 요구했다. 그중에는 작업자가 생산 문제를 신속하게 알리고 라인을 멈출 수도 있는 안돈 시스템Andon system 설치, 불량 발생을 방지하기 위한 라인 내 검사 실시, 낭비를 줄이고 생산성을 높이는 일련의 실습 5S 활동(정리, 정돈, 청소, 표준화, 유지를 의미—옮긴이) 증명 제시 등이 포함된다.[9]

나이키는 공급업체를 준비시키기 위해 스리랑카에 가동 중인 공장에 교육 센터를 열었다. 아시아 전역에 있는 공급업체는 8주간의 프로그램에 참여하여 린 생산 이론을 공부하고 실제 린 생산방식을 관찰하고 나이키 관리자와 함께 자체 공장에 시스템을 도입하기 위한 전략을 세웠다. 초기 생산성과 수익성에서 성공을 확인한 나이키는 자동화 증진과 근로자 참여를 촉진하는 프로그램 린 2.0을 통해 노력을 배가했다. 심지어 소규모 파일럿 프로그램에서도 더 큰 기계화의 잠재력을 확인할 수 있었다. 한 공장에서는 생산성이 19% 향상되고 품질은 7% 향상되었으며 근로자들은 자신을 더 가치 있게 느낀다고 답했다.[10] 2018년에는 나이키 생산량의 83%가 린 2.0으로 운영되는 공장에서 나왔을 정도였다.

같은 시기에 나이키는 캘리포니아 버클리대학 연구원 니클라스 롤로Niklas Lollo 및 다라 오루크Dara O'Rourke와 협력하여 하청 공장의 근로자 보상방식을 린 생산방식과 일치시키기 시작했다.[11] 의류 한 벌 가격을 책정하기 위해 나이키는 공급업체와 (공학 기반 작업시간 측정 수단인) 표준허용분Standard Allowable Minutes, SAM을 협상한다. 그런 다음 공장은 SAM을 사용하여 근로자의 급여율을 결정하는데 근로자는 더 많은 돈을 벌기 위해 SAM을 앞서가려고 노력한다. SAM은 각 의류마다 고정되어 있기 때문에 근로자들은 익숙하고 생산하기 쉬운 스타일을 선호한다. 익숙하지 않은 디자인에서는 SAM을 뛰어넘기 어려워서 근로자들은 초과 근무 수당에 집중한다. 그러나 이러한 접근 방식은 린 생산의 여러 목표와 상충된다. 왜냐하면 SAM 기반 보상은 품질 개선, 재고 감소, 낭비 제거, 적시 생산 능력just-in-time 구축에 대한 인센티브를 거의 제공하지 않기 때문이다.

버클리 팀은 이미 린 2.0 인증을 받은 태국 공장에서 세 가지 보상 메커니즘을 테스트했다. 그것은 공장에서 더 많은 생산량에 대한 보상을 제공하는 생산성 비례보상, 생산성 비례보상에 비용 절감 또는 우수한 품질에 대한 보너스를 조합한 형태, 그리고 생산성 비례보상에 목표 임금을 더한 형태의 세 가지 보상 메커니즘이었다.* 실험에 참여한 근로자는 최소한 실험 전과 같은 수준의 임금을 보장받았다. 또한 연구진은 각 생산라인에 임금 및 생산성 정보를 표시하는 LCD 패널을 설치했다. (전 세계 의류 생산 근로자 중 근무한 시간이 표시된 급여 명세서를 받는 근로자는 50% 미만이다.)[12] 그림 12-2는 보상 연구에 참여하지 않은 생산라인과 비교하여 성과가 어떻게 변화했는지 보여준다.[13]

이 연구는 협력업체와 나이키 모두에 풍부한 인사이트를 제공했다. 예를 들어 목표 임금을 정하는 것이 임금과 수익성을 높이는 데 특히 효과적인 것으로 나타났다. 사실 650바트를 달성한 후 퇴근하기로 결정한 팀은 없었다. 포커스 그룹에서 근로자들은 생산이 원활하게 이루어질 때 추가 수입을 얻는 것이 더 중요하다고 답했다. 세 가지 실험 모

---

* 어떤 생산라인이 생산성 목표의 90%를 달성하면 원래 임금 X 1.06배의 성과급을 받는다. 생산성이 5% 증가할 때마다 비율이 0.06씩 증가하여 최대 1.48까지 가능하다. 목표 임금이 있는 라인의 노동자는 10시간 동안 개인당 최소 650바트를 벌어들이면 퇴근을 결정할 수 있다. 이 팀의 과거 평균 임금은 440바트에서 530바트 사이였다.

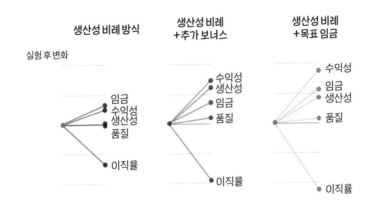

그림 12-2. 나이키 협력업체에서 실시한 보상 실험

두에서 근로자는 더 많은 수입을 얻었고 협력업체 수익도 증가했다. 이
는 각 생산라인에서 생산성이 6% 이상 증가했기 때문에 가능했으며,
그 결과 근로자 이직률도 급격히 감소했다. 원래부터도 높았던 품질은
추가 보너스 그룹과 목표 임금 그룹에서는 향상되었지만 생산성 비례
방식 그룹만은 예외였다. 이 생산라인에서는 점점 더 기능 장애가 발생
했다. 직원들은 서로의 기술 부족을, 상사는 소통 부족을, 경영진은 양
질의 자재 공급 부족을 이유로 서로를 비난했다. 결국 70%의 근로자
가 그만두었다. (동일한 방식으로 운영한 다른 생산라인은 괜찮았다.) 이
실패는 높은 인센티브가 주는 스트레스를 일깨워주는 유용한 사례다.
그러나 공장 경영진은 흔들리지 않았다. 실험이 끝나자 나이키 전 공장
에 생산성 비례방식이 도입되었다.

 공급업체가 생산성을 높이도록 교육하는 것은 WTS를 낮추고 더 많
은 가치를 창출하는 효과적인 방법이다. 나이키 공장이 대표적인 예

다. 일반적으로 현지 공급업체는 다국적 기업과 협력하기 시작하면 상당히 발전한다. 생산성이 향상되고 더 많은 근로자를 고용하며, 글로벌 기업과의 관계와 상관없이 더 큰 성공을 경험한다.[14] 다국적 기업도 이익을 얻는다. 예를 들어 나이키는 공급업체의 생산성 향상을 활용하기 위해 시간이 지남에 따라 SAM을 낮추고 있다.[15] WTS에 집중하면 기업과 다국적 기업 모두가 가치를 창출할 수 있다.

가치 수익화의 어두운 면

가치 창출에 초점을 맞춘 구매자-공급자 관계에서도 가치 수익화의 어두운 면은 항상 존재한다. 공급업체가 생산 시설을 확장해도 구매자가 낮은 가격을 요구할까 불안해한다. 구매자는 공급업체에 지나치게 의존하여 공급업체가 긴밀한 관계를 악용할까 두려워한다.[16] 따라서 양측 모두 자신을 보호하기 위해 비용이 많이 드는 조치를 취한다. 구매자는 실제로는 한 곳과만 협력하는 것이 비용 면에서 유리한데도 여러 공급업체에서 소싱하는 경우가 많다.[17] 한편 공급업체는 신뢰할 수 없는 구매자와는 처음부터 협력을 거부한다. 예를 들어 지금은 선도적인 스마트폰 제조업체가 된 샤오미는 처음 사업을 시작할 때 100개 이상의 주요 부품 공급업체와 접촉했다. 하지만 그중 85개 업체가 이 신생 회사와 거래하지 않았다.[18] 모든 참여자가 자신이 창출하는 가치 일부를 수익화하는 능력에 대해 불안감을 느끼는 경우 가치 창출은 어려워진다.

그렇다면 선도 기업들은 이 문제를 어떻게 해결할까? 공급업체의 WTS를 성공적으로 낮추고 자신의 회사와 공급업체를 위해 장기 가치를 창출한 공급망 임원들과 이야기를 나누다 보면 다음과 같은 조언을 자주 한다.

- **업체 수를 줄여라.** 공급업체와 친밀도를 개발하고 유지하는 것은 어렵고 시간이 많이 소요되는 일이다. 투자하는 공급업체 수를 소수로 유지하라. 세 가지 기준(그림 12-3)을 사용하여 올바른 파트너를 선택하기를 권장한다. 첫 번째 기준은 가치 잠재력이다. 공급업체에 WTS, 비용, 그리고 WTP를 움직일 수 있는 잠재력이 있는 경우 긴밀하게 협업할 가치가 있다. 품질을 중요하게 생각하지 않는 저렴한 부품 공급업체는 친밀한 파트너 후보 목록에서 상위권에 오르지 못한다.

  둘째는 구체성이다. 공급업체에 당신 회사만을 위한 설비 투자를 요청하는가? 주로 당신 회사에 도움이 되는 새로운 프로세스를 개발하기를 원하는가? 그러한 투자가 구체적일수록 긴밀한 협업과 신뢰 구축에 더 도움이 된다. 그렇게 하지 않으면 공급업체는 과소 투자하거나 아예 투자를 하지 않을 가능성이 높다.

  셋째는 완벽성이다. 공급업체에 기대하는 바를 계약서에 기술하는 것이 어려운가? 우발 상황 대부분이 계약서에 나열되어 있는가? 계약 기간 동안 기대치가 어떻게 변할지 확실히 이해하고 있는가? 계약이 불완전하고 공급업체에 기대하는 바를 설명하고 측정하기 어려운 경우에는 공급업체와 더욱 밀접한 관계를 맺는 것이 도움이 된다.

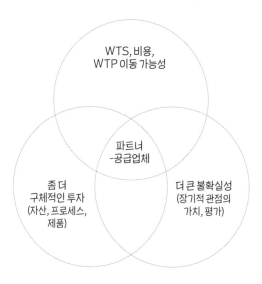

WTS, 비용,
WTP 이동 가능성

파트너
-공급업체

좀 더
구체적인 투자
(자산, 프로세스,
제품)

더 큰 불확실성
(장기적 관점의
가치, 평가)

그림 12-3. 파트너-공급업체 선발 기준

- **공급업체를 파악하라.** 공급업체와의 관계를 비용이라는 프리즘으로만 바라보고 싶겠지만 이런 관점은 너무 편협하다. 그래서 한 성공한 기업인은 "공급망도 사람이다!"라고 말한 적이 있다.
  공급업체의 WTS에 영향을 미치는 요소는 많다. 고객을 위한 가치를 창출하려면 어느 정도 고객 친밀도가 필요한 것처럼, 공급업체의 잉여를 증가하려면 공급업체와 친밀해져야 한다. 마츠모토 야스카네를 기억하는가? 그는 각 공급업체를 직접 방문한 다음에야 파트너십을 구축하기로 결정했다.
- **지나치게 요구하지 말고 성과에 집중하라.** WTS를 낮출 수 있는 여러 기회는 당신 회사의 행동 변화에서 시작된다. 구매자는 공급업체

에 필요한 것과 그들이 해야 할 일을 아주 세밀하게 지정하면서 요구 사항을 지나치게 자세히 규정한다. 물론 정확해야 하는 기술 관련 이유가 있는 경우도 있지만, 지나치게 상세한 요구는 종종 불신—혹시 약간의 여지를 주면 공급업체가 추가적인 이득을 몰래 취하지 않을까 하는—을 초래하고 공급업체 간 선의의 경쟁을 유도한다. 하지만 지나치게 규정만 추구하는 경우 대가가 따르기 마련이다. 공급업체가 새로운 프로세스를 채택하고 혁신적인 제품과 서비스를 도입할 수 있는 기회를 빼앗기기 때문이다. 이것이 여러 구매자와 공급업체 관계의 중심에 있는 긴장감이다. 우리가 공급업체와 협력하는 이유는 공급업체가 전문 지식과 우수한 기술을 보유하고 있기 때문일 것이다. 그렇다면 우리는 왜 공급업체를 제약하는 세부 지침을 고집할까?

타타 자동차Tata Motors는 세계에서 가장 저렴한 자동차인 타타 나노Nano를 만들기 위해 보쉬 오토모티브Bosch Automotive에 엔진 설계를 의뢰했다. 당시 보쉬 회장이었던 베른트 보어Bernd Bohr는 이 특별한 협업의 성격을 이렇게 설명한다.

타타가 방대한 규정집이나 사양서를 들고 찾아온 것은 아니었습니다. 그들은 단순히 자동차의 무게가 얼마여야 하며, 2기통 엔진이 장착되어야 하고, 유로 4 배기가스 규제를 충족해야 한다는 것만 알려주었습니다. 물론 달릴 수도 있어야겠죠. 이것이 다른 자동차 프로젝트와 다른 점이었습니다. 프로세스 초반에 이미 우리 팀이 새로운 아이디어를 내놓았다는 것을 알 수 있었습니다. 일반적으로 엔진에는 실린더마다 분사 밸브가 하나씩 있는데, 우리 엔지니어들은 실린더 두 개에 하나의 분사 밸브가 있고 두 개의 스프레이 구멍이 있는 엔진을 생각해 냈습니다.[19]

비록 나노는 타타가 기대했던 만큼 금전적 성공을 거두지는 못했지만, 보쉬의 기술 혁신은 다른 많은 엔진에 적용되었다.[20] 보쉬의 성공은 결과—이 경우에는 비용 목표—에 집중하는 구매자가 있었기 때문에 가능했다.

페덱스 물류FedEx Supply Chain도 델Dell과 일하면서 비슷한 경험을 했다. 이 컴퓨터 회사는 공급망을 혁신하면서 청구 코드 수백 개와 같은 특정 서비스 목록 대신 가장 중요한 최종 결과에 초점을 맞췄다. 예를 들어 델은 역물류reverse logistics(소비자에서 생산자로 진행되는 물류의 흐름-옮긴이) 운영도 제품 폐기에 대한 고정 수수료를 페덱스에 지불하던 방식에서 벗어나 반품된 컴퓨터 때문에 발생하는 델의 전체 손실을 최소화하도록 요청했다. 두 회사는 긴밀한 협력을 통해 컴퓨터 리퍼브, 부품 수거, 제품 폐기 분야에서 세 가지 채널을 만들었다.[21] 델의 총괄 매니저 존 콜먼John Coleman은 이러한 변화를 다음과 같이 설명한다.

(전통적으로) 델은 모든 반품 제품을 소매 기준으로 분류했기 때문에 제품이 소매 표준을 충족하지 못하면 폐기했습니다. 수년 동안 저는 도매 판매를 추가 옵션으로 사용할 수 있는 시스템을 마련해 달라고 회사에 요청했습니다. 좋은 생각이었지만 회사는 그런 프로젝트 투자에 별 관심이 없었습니다. 페덱스 물류는 아이디어를 제공하는 것 외에는 투자할 이유가 없

었습니다. 그러나 (비용 최소화라는 큰 목표에 동의한 후) 페덱스는 리퍼브 상품에 대한 도매 물류망을 만들었습니다. (그들은) 이 개념을 아이디어에서 현실로 만들기 위해 투자했습니다.[22]

세 가지 채널과 도매판매 방식을 마련한 후 델과 페덱스는 폐기물을 3분의 2로 줄였고 불과 2년 만에 델은 역물류 운영 비용을 42% 절감할 수 있었다.[23]

- **외부 인센티브와 내부 인센티브의 일치.** 공통 목표가 설정되면 이러한 목표에 부합하는 지표를 정의하고, 이를 금전적 인센티브와 연결할 수 있다. 예를 들어 델의 역물류 운영 비용이 감소하면 페덱스 물류도 재정적으로 이익을 얻는 식이다.

  외부 인센티브와 일치 외에도 구매 기업이 구매자-공급업체 관계에 대해 동일한 관점을 공유하는 것도 중요하다. 공급망 관리자가 공급업체 중 한 곳과 협력 관계를 발전시키고 있다는 사실을 구매 부서가 잘 알고 있는가? 구매 관리자가 가능한 최저 비용을 달성하는 쪽으로만 인센티브를 제공한다면 실패할 수밖에 없다.

- **열린 마음 유지하기.** 친밀한 관계에서 어두운 면은 바로 그런 관계의 깊이에서 나온다. 한 공급업체와 신뢰를 쌓으면 다른 곳을 찾을 유인이 제한된다. 와튼스쿨에서 박사 과정을 밟고 있던 빅터 칼라노그Victor Calanog와 나는 필라델피아에서 일하는 모든 배관공 596명에게 전화를 걸어 엘라스토머 소재로 만든 혁신적인 바닥 배수구 브로셔와 무료 샘플을 제공하겠다고 했지만 기존 업체를 신뢰하는 배관공

들은 이를 받지 않았다. 처음 전화를 걸고 1년이 지나 어느 정도 신
뢰가 쌓이자 배관공들은 기존에 이용하던 배수구 적게 구입했다.[24]
일부 공급업체와 장기적인 신뢰 관계를 구축하는 데 큰 성공을 거두
었더라도 그런 관계를 재평가하면 WTS와 비용을 더욱 낮출 수 있는
새로운 기회를 발견할 수 있다.

물론 공급망 협업은 새로운 개념은 아니지만 가치 중심 사고방식에
서 발생하는 시각 변화는 여전히 유용하다. 여기 핵심적인 인사이트 몇
가지를 소개한다.

- **공급업체의 비용 절감을 돕고, 공급업체가 더 쉽게 판매할 수 있게
하면 결국 그것은 당신 회사의 이익으로 돌아온다.** 공급업체가 무엇
을 할 수 있는지 묻지 말자.
- **수많은 구매자-공급자 관계에서 가장 중요한 것은 결국 가치 수익
화다.** 가치 창출로 방향을 전환하면 정보를 공유하고, 인센티브를 조
정하고, 매력적인 비즈니스 기회를 더 쉽게 발견할 수 있다.
- **가치 창출을 구매자-공급업체 관계의 중심으로 만드는 것은 어려
운 작업이며, 이러한 유형의 관계를 구축할 공급업체를 선택할 때는
신중을 기해야 한다.** 가장 유망한 파트너를 선택할 때는 파트너의 가
치 잠재력(WTS를 얼마나 낮출 수 있는지), 투자의 특이성(내 요구 사
항이 얼마나 특이한지), 그리고 계약의 불완전성(기대치를 문서화하기
가 얼마나 쉬운지) 등을 고려해야 한다.

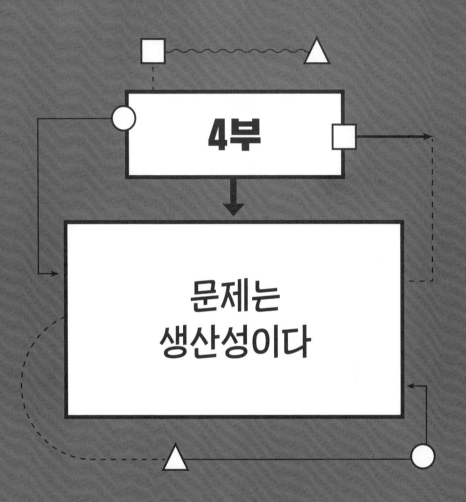

4부

문제는
생산성이다

Better, simpler strategy

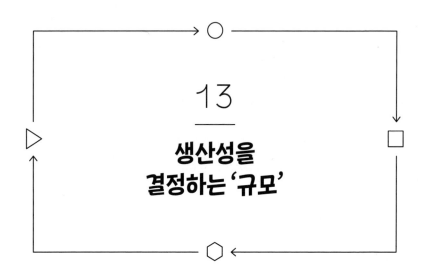

13
—
생산성을
결정하는 '규모'

생산성 데이터를 조사할 때마다 동일 산업에 속한 기업들 간에 발생하는 엄청난 차이에 놀랄 수밖에 없다.* 평균적으로 생산성 상위 10% 내 미국 기업은 동일한 투입물을 가지고도 하위 10% 이하 기업보다 2배나 많은 산출물을 만들어낸다.[1] 중국과 인도에서는 그 비율이 5:1로 나타나는 경우가 많아 이러한 차이가 더욱 두드러진다.[2] 또한 이러한 차이가 일시적으로 나타나는 것도 아니어서

---

* 이런 연구에서 '동일 산업(same industry)'이란 4자리 SIC 코드를 공유하는 기업들을 의미한다. SIC(Standard Industrial Classification, 표준 산업 분류 코드)는 미국 정부가 만든 기업 분류 시스템 이름이다. 예를 들어 나무로 만든 사무용 가구를 생산하는 기업 코드는 2521이며 목재 이외의 재료로 사무용 가구를 생산하는 기업 코드는 2522다.

그림13-1. 생산성 향상에 따른 비용 및 WTS 하락

장기간에 걸쳐 지속되는 경향이 있다.[3]

생산성이 향상되면 비용과 WTS가 동시에 낮아진다.(그림 13-1) 특정 제품이나 서비스 단위별로 가치 막대기를 그릴 수 있는데 기업 효율성이 높아지면 더 적은 투입물을 조달하게 되고 따라서 비용뿐만 아니라 WTS도 감소한다.

이번 장에서는 생산성을 결정하는 세 가지 요소인 규모, 14장에서는 학습, 15장에서는 운영 효율성에 대해 살펴보겠다.

규모의 경제와 생산성 간의 관계

2007년 2월 미국 정부가 지원하는 기업 프레디 맥Freddie Mac은 부동산

담보 시장에서 가장 위험한 서브프라임 모기지를 더 이상 구매하지 않겠다고 발표했다. 세계 경제를 1930년대 이후 가장 심각한 위기에 빠뜨리고 미국에서만 약 900만 개 일자리가 사라진 2007~2009년 대침체The Great Recession가 시작된 것이다.[4] 이 위기에서 은행은 중심 역할을 했다. 정부는 경제를 안정시키려고 결국 6,000억 달러에 달하는 비용을 들여 1,000여 개 미국 금융기관을 지원했으며[5] 위기가 극심해지자 결국 납세자들이 금융자산 4조 4,000억 달러 보증을 서야 했다.[6] 전 연방준비제도이사회 의장 앨런 그린스펀Alan Greenspan은 이렇게 회고했다. "은행이 너무 커서 파산할 수 없다면 그것이 문제다. 1911년 우리는 스탠다드 오일을 해체했다. 그 뒤에 무슨 일이 발생했는가? 해체된 개별 부분들이 전체보다 더 가치가 커졌다. 어쩌면 우리도 (대형 은행에 대해) 이렇게 해야 할지 모른다."[7]

정책 입안자들은 금융기관 해체를 꺼렸지만 자본과 유동성 요건을 강화하는 등 은행의 위험도를 낮추는 조치는 취했다.[8] 위기 이후 도입된 각종 규제는 의도한 효과를 거두었다. 현재 은행 시스템은 여러 가지 면에서 훨씬 더 안전해졌다.[9] 그렇다면 대형 은행 규모는 어떻게 되었을까? 더 커졌다! 웰스파고는 4배, JP 모건 체이스는 2배, 뱅크 오브 아메리카는 67% 성장했다. 대형 은행 중에서는 씨티은행만 약간 줄어들었다.[10]

은행이 점점 더 커지는 이유는 무엇일까? 한 가지 중요한 이유는 규모의 경제, 즉 비즈니스가 성장함에 따라 평균비용이 감소하는 이점을 누릴 수 있기 때문이다. 그림 13-2는 미국과 유럽의 대형 은행이 10% 성장할 경우 발생하는 비용 증가를 보여준다.[11] 수치가 10% 미만(그림

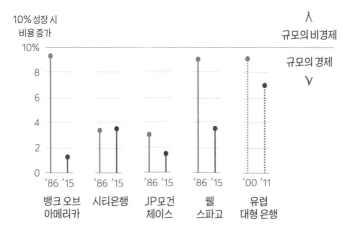

그림 13-2. 은행업과 규모의 경제

13-2 상단의 수평선 참조)이면 규모의 경제를 나타내며 10%를 초과하면 규모의 비경제diseconomies of scale를 나타낸다. 즉 비용이 기업보다 더 빨리 증가한다는 것을 의미한다.

1986년 뱅크 오브 아메리카는 적정한 수준의 규모 경제 효과 덕분에 이익을 얻었다. 당시에는 기업 규모가 10% 커지면 비용은 9.3% 증가했다. 하지만 2015년에는 규모의 경제 효과가 훨씬 더 커졌다. 즉 기업 규모가 10% 증가했을 때 비용은 단지 1.4%만 증가했다. 1980년대에도 매우 효율적이었던 시티은행을 제외한 모든 미국 및 유럽 최대 은행은 2015년에 1986년보다 더 큰 규모의 경제 효과를 달성했다.

그림 13-2에 표시된 규모의 경제는 특정 형태의 고정비용이 존재한다는 것을 보여준다. 은행업에서 가장 큰 고정비용은 기술 투자다.(금융서비스업계의 IT 투자는 의료 및 테크 기업의 두 배이며 제조업보다 세

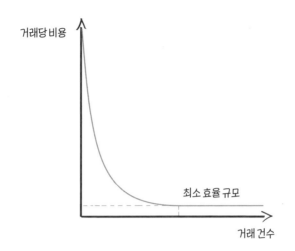

그림 13-3. 거래에서 규모의 경제

배 더 많은 비용을 지출한다.)[12] 고정비용이 어떻게 규모의 경제를 창출하는지 알아보기 위해 하루에 한 건만 거래하는 트레이더가 있는 거래소를 상상해 보자. 거래 인프라 전체 비용이 이 한 번 거래에 할당되기 때문에 이 거래 비용은 엄청나게 비쌀 수밖에 없다. 하지만 거래 횟수가 증가함에 따라 고정비용이 점점 더 많은 거래에 분산되면서 평균비용이 감소한다.(그림 13-3) 그러나 고정비용을 분산하는 증분 효과는 거래 활동이 증가함에 따라 점점 작아진다.

최소 효율 규모를 파악하라

혹시 당신 회사의 최소 효율 규모Minimum Efficient Scale, MES를 알고 있는가?

MES란 비용 경쟁력을 갖추기 위해 필요한 최소의 비즈니스 규모를 뜻하는데 기업을 경영하는 사람이라면 누구나 반드시 알아야 한다.** 회사가 MES보다 작다면 비용 측면에서 더 큰 경쟁자와 경쟁할 수 없다. 반면에 조직이 MES를 달성한 후에는 지속적인 성장으로도 더 이상 비용 측면에서 더 큰 이점을 얻을 수 없다. 실제로 일부 기업에서는 대규모 조직 운영의 복잡성으로 평균비용이 증가하기도 한다.

IT 비용 지출만이 중요한 규모의 경제 효과를 가져오는 고정비용은 아니다. 마케팅 비용도 좋은 예다. 1970년대 중반 코카콜라와 펩시가 광고 지출을 늘리자 청량음료 광고는 미국 텔레비전에서 단골 메뉴가 되었다. 두 거물 간 광고 전쟁은 수십 년 동안 격렬하게 이어졌다. 누가 이겼을까?

두 회사의 시장점유율을 보면 놀라지 않을 수 없다. 두 회사 모두 승리했기 때문이다. 코카콜라와 펩시가 청량음료 시장에서 차지한 점유율 합계는 1970년 54.4%에서 1995년 73.2%로 증가했다.[13] 두 기업 모두 소규모 경쟁업체가 희생한 덕에 성장할 수 있었다. 작은 업체들은 매출이 적으니 광고비용을 분산할 수 없었다. 텔레비전 화면에서 존재감이 줄어든 수백 개의 경쟁 청량음료 생산업체 중 대다수가 대기업에 인수되거나 사업에서 밀려나야 했다.

우리는 종종 고정비용을 바람직하지 않은 비용으로 생각한다. 엄청

** 전략적으로 MES가 중요함에도 일반적인 재무보고서에는 포함되지 않는다. 당신 회사의 MES를 파악하려면 회사가 10% 성장했을 때 비용이 어떻게 변화하는지 확인하면 된다. 고정비용(성장해도 변하지 않는 비용)과 변동비용(성장에 따라 변하는 비용) 항목을 주의 깊게 구분해 보자. 그리고 현재의 평균비용과 더 높은 생산 수준에서 평균비용을 비교해 보자. 만약 성장함에 따라 평균비용이 감소한다면, 당신 회사의 규모는 더 큰 경쟁업체와 비용 경쟁을 하기에는 아직 작다. 만약 평균비용이 거의 변하지 않는다면 당신 회사는 이미 MES에 도달했거나 지나친 것이다.

난 투자를 해야 하고 경기가 변해도 조정하기 어렵기 때문이다. 하지만 당신 회사가 경쟁사보다 규모가 크다면 고정비용은 오히려 이점이 될 수 있다. 예를 들어 코카콜라와 펩시는 마케팅 지출을 늘림으로써 최소 효율 규모에 미달하는 경쟁사를 희생시켜 성장할 수 있었다.[14]

규모의 경제와 시장 경쟁

규모의 경제가 매우 효과적이면 경쟁이 전혀 없는 시장을 만들 수 있다. 월마트는 수년 동안 이러한 이점을 누렸다. 월마트 매장 대부분은 교외나 인구밀도가 낮은 곳에 위치해 있다. 이러한 시장에 서비스를 제공하기 위해 월마트는 대형 유통센터의 스포크앤드허브spoke-and-hub 시스템을 구축했으며, 각 센터는 반경 250킬로미터 이내에 위치한 위성 매장 100여 개에 상품을 공급한다.[15]

이러한 물류기지 구성은 월마트에 세 가지 이점을 제공한다. 물류센터에서 차로 하루 걸리는 거리에 매장을 배치함으로써 중앙 물류창고의 고정비용을 대량 판매로 분산시켜 규모의 경제를 실현할 수 있었다. 또한 매장이 서로 비교적 가깝기 때문에 배송 트럭이 신속하게 물품을 공급할 수 있어 특수한 유형의 규모 경제인 밀도의 경제economies of density를 창출할 수 있다. 매장이 물류센터와 1.6킬로미터 가까워질 때마다 그 매장 수익은 매년 3,500달러씩 증가한다고 한다.[16] 미국에만 5,000개가 넘는 매장이 있는 상황에서 밀도 경제는 회사 수익에 상당히 기여한다. 매장에 신속하게 물품을 재공급할 수 있기 때문에 재고를 쌓아

놓을 공간을 거의 확보하지 않고 모든 공간을 판매로 전용할 수 있다.[17]

월마트의 세 번째 이점은 시장 규모와 고정비용 사이의 관련성이다. 작은 시장에서는 고정비용을 많은 판매량에 분산시킬 수 없다. 따라서 점유율이 가장 높은 월마트는 뚜렷한 비용 우위를 점한다. 만일 두 번째로 큰 회사가 경쟁하기로 결정하고 월마트의 인프라를 따라잡아 상당한 점유율을 확보하더라도 각각 상당한 고정비용을 부담하고 있는 두 회사 모두 수익성이 감소할 것이다. 따라서 이러한 결과를 예상한 경쟁자는 애초에 진입을 꺼린다. 여러 소규모 시장에서 월마트는 이러한 이유로 경쟁에 거의 직면하지 않았다. 월마트는 경쟁자가 없는 곳에서 가격을 최대 6%까지 올리기도 했다.[18]

경쟁 없는 시장에서 성장 전략을 추구함으로써 월마트는 매출 기준 세계 최대 기업으로 성장했다. 하지만 월마트에도 규모의 경제를 반영한 저렴한 비용이라는 핵심 우위 확장은 여기까지였다. 이제 월마트는 세 가지 측면에서 역풍에 직면해 있다. 월마트는 도시 시장 진출에 거의 성공하지 못했다. 도시에서는 일반 잡화(타겟Target 같은 유통기업)와 식료품(크로거Kroger 같은 식품 중심 유통업체) 분야에서 치열한 경쟁에 직면해 있다. 인구 밀도가 높은 도시에서는 시장 규모 대비 고정비용 비율이 경쟁을 완화하기에 충분하지 않기 때문에 월마트가 우위를 점하기가 더 어렵다. 한편 월마트의 해외 진출은 엇갈린 성공을 거두었다. 멕시코와 영국 같은 시장에서는 국내 굴지의 소매업체를 인수하여 자국 시장에서 누렸던 규모의 경제를 그대로 재현할 수 있었다. 그러나 자체적으로 매장 네트워크를 구축하려고 시도하거나(독일, 한국) 취약한 소매 체인을 인수한 경우(일본)에는 실패하거나 성장 속도가 더뎠

다.(아르헨티나, 브라질)[19]

마지막 문제는 전자상거래 부상이다. 온라인 소매업체들은 현지 매장 인프라 같은 고정비용을 들이지 않고도 월마트의 핵심 시장에 성공적으로 진입했다.[20] 특히 아마존은 월마트의 고마진 일반 잡화 부문을 타깃으로 삼았다. 반면 미국 내 월마트 매출 가운데 56%를 차지하는 저마진 식료품 사업은 타격이 덜한 것으로 보인다. 그 이유는 미국 소비자들이 식료품을 매장에서 직접 구매하거나(매출의 97%) 오프라인 매장에서 수령하는 것을 선호하기 때문이다. 이는 수천 개 매장을 보유한 월마트 같은 기업에 유리한 상황이다.[21]

월마트 사례가 특히 흥미로운 이유는 규모의 경제가 월마트가 성공한 부분과 어려움을 겪고 있는 부분을 모두 설명해 주기 때문이다. 우리는 8장에서 WTP에 대해 논의하면서 네트워크 효과가 어떻게 시장에 진입해서 수익을 낼 수 있는 기업 수를 제한하는지 살펴보았다. 가치 막대기의 WTS 측면에서도 규모의 경제는 비슷한 효과를 보인다. 미국 도시의 레스토랑과 신문사 수를 보여주는 그림 13-4를 살펴보자.[22] 도시가 커질수록 레스토랑 수도 비례적으로 증가한다. 인구가 가장 많은 대도시 지역에는 상상할 수 없을 정도로 다양한 종류의 레스토랑이 존재한다. 한 식당이 폐업하면 빠르게 다른 식당이 들어오는 것이 일반적이다. 하지만 신문은 다르다. 그림 13-4에서 도시 규모는 신문사 수에 거의 영향을 미치지 않는 것으로 보인다. 뉴욕 같은 대도시에서도 발행되는 신문은 몇 개 되지 않는다. 미국 전역에서 주요 신문이 차지하는 시장점유율은 도시 규모에 관계없이 50% 이하로 떨어지는 일이 거의 없다.

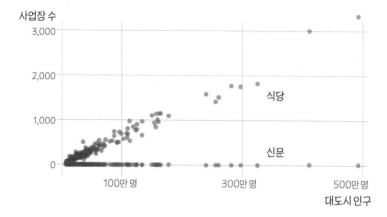

그림 13-4. 시장 규모와 경쟁

무엇이 이런 차이를 만들까? 레스토랑과 신문은 비용 구조가 매우 다르다.[23] 레스토랑을 운영하는 데에는 변동비용과 관련된 활동이 많이 포함된다. 손님이 없으면 셰프가 식재료를 적게 구매하고 주인은 직원을 적게 고용한다. 고정비용으로 진입을 억제할 수 없기 때문에 레스토랑업은 경쟁이 매우 치열하다. 하지만 신문을 발행하는 데 드는 비용은 대부분 고정비용이다. 대도시 신문사들은 뉴스룸 규모를 늘려 경쟁하고 있으며, 예를 들어 〈뉴욕타임스〉는 저널리스트를 1,600명 이상 고용하여 소규모 경쟁업체가 따라잡을 수 없는 고품질 저널리즘을 생산하고 있다.

뉴스 비즈니스에서 품질은 고정비용이다. 하지만 레스토랑업에서는 가변비용이다. 그 결과 경쟁 형태가 매우 다를 수밖에 없다.

디지털 혁명 이전의 경제에서는 새로운 시장경쟁력을 파악하려면 우선 고정비용을 살펴보곤 했다. 하지만 인터넷 시대에는 네트워크 효과가 경쟁할 수 있는 기업 수를 결정하는 데 고정비용만큼이나 큰 영향을 미친다. 그럼에도 규모의 경제는 여전히 많은 부문에서 중요하다. 아래와 같은 몇 가지 고려 사항이 특히 눈에 들어온다.

- **모든 전략가는 회사의 MES를 알아야 한다.** 회사가 비용 경쟁력을 갖추는 데 필요한 규모를 갖추고 있는지도 모른 채 전략 방향을 선택하는 것은 무책임한 일이다.
- **MES는 시간이 지남에 따라 변화한다.** 이러한 변화 일부는 기술 및 소비자 취향의 트렌드를 반영해서 나타나는 것이다. 또 다른 변화는 현명한 전략적 의사결정 때문에 나타난다. 고정비용 증가는 경쟁자 수를 제한하는 강력한 수단이 될 수 있다.[24]
- **품질로 경쟁하는 회사라면 고정비용 또는 변동비용을 통해 WTP를 높였을 때 이점을 각각 비교해 봐야 한다.** 두 가지 투자 방식이 단기적으로 비슷한 금전 수익을 가져다주더라도 향후 직면하게 될 경쟁자 수에 미치는 영향은 다를 수 있다.

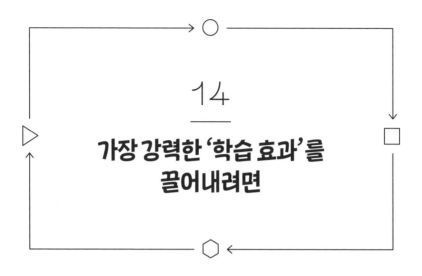

14

가장 강력한 '학습 효과'를 끌어내려면

1909년 헨리 포드가 유명한 모델 T를 처음 만들기 시작했을 때 차량 한 대를 생산하는 데 드는 비용은 1,300달러였다.[1] 1926년까지 포드에서 지급하는 임금은 3배로 증가한 반면, 차량 생산비용은 840달러로 떨어졌다.[2] 포드의 비결은 무엇이었을까? 바로 학습 곡선이었다.[3] 기업이 누적 생산량을 늘리면 직원들이 제품과 프로세스에 익숙해지고 생산성을 향상할 수 있는 새로운 방법을 찾아내기 때문에 비용이 감소하는 경우가 많다.(그림 14-1) 1926년 포드가 자동차 1,000만 대를 생산할 무렵에는 학습만으로도 비용을 3분의 1 이상 절감할 수 있었다.

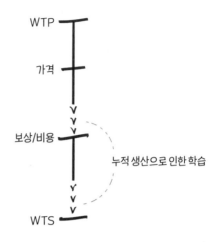

그림 14-1. 누적 생산으로 인한 학습 효과로 비용 및 WTS 하락

현대의 자동차 공장에서도 비슷한 효과가 나타난다. 그림 14-2는 라인별 조립에서 팀 기반 생산으로 전환한 회사에서 일어난 일을 보여준다.[4] 그래프에서 보다시피 근로자들이 협업하는 방법을 알아내는 것은 쉽지 않았다. 전환 직후에는 차량 한 대 조립하는 데 400시간이 넘게 걸렸지만 빠른 속도로 좋아지더니 불과 10주 만에 생산 시간이 100시간 미만으로 줄어들었다.

경쟁하는 기업에 학습 효과를 기반으로 한 중요한 질문은 무엇일까? 한 노동자에게서 다른 노동자에게, 기존 공장에서 새로운 공장으로 학습한 내용을 전달할 수 있는지 여부다. 이러한 발전을 내재화할 수 있을까? 아니면 생산 능력을 확장할 때마다 프로세스를 다시 학습해야 할까? 그림 14-2는 학습 이전이 완벽하게 작동한 사례를 보여준다. 이

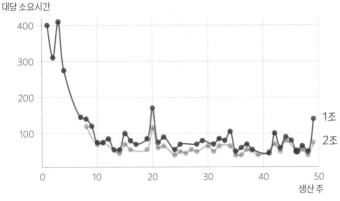

그림 14-2. 자동차 생산 공장의 학습 효과

회사가 8주 차에 2교대 근무조를 추가하자 새로운 팀원들은 선배들이 이룬 모든 발전 사항을 즉시 흡수했다.

학습은 생산성을 향상시킬 뿐 아니라 많은 경우 WTP를 높인다. 예를 들어 의료 분야에서는 수술팀이 동일한 수술을 자주 하면 수술에 소요되는 시간이 줄어든다. 인도 병원 그룹 아폴로 병원Apollo Hospitals 과 나라야나 헬스Narayana Health 는 학습 곡선을 활용하여 복잡한 수술을 현저히 낮은 가격으로 제공함으로써 저소득층이 더 저렴하게 수술을 받을 수 있도록 한다.[5] 나라야나 헬스 외과의사는 미국 클리블랜드 클리닉Cleveland Clinic 의사보다 2배 많은 연간 200건의 개심술을 하고 있다. 수술 건수가 많으면 비용이 절감될 뿐 아니라 품질도 향상된다. 아폴로와 나라야나 헬스는 모두 서구 최고의 병원에 필적하는 수술 성공률을 자랑한다.

이 장에서 언급한 사례에서 알 수 있듯이 학습은 다양한 형태로 이루어진다. 특히 최근 인공지능과 머신러닝의 발전은 경쟁 우위의 원천으로서 기업은 학습에 새로운 관심을 보였다. 많은 사례 중 하나에 불과한 이상 징후 탐지 알고리즘anomaly detection algorithms은 이제 여러 산업 분야의 다양한 애플리케이션에서 비용을 절감하는 데 도움이 되고 있다. 제조업에서는 AI가 결함 있는 부품이 생산에 투입되는 것을 방지하고, 금융 서비스에서는 알고리즘이 사기를 적발하며, 의료 서비스에서는 머신러닝이 비정상적인 생리 지표를 식별한다.

많은 경우에 학습은 사용 가능한 데이터 양 및 누적된 결과와 관련이 있다. 하지만 무엇보다 열린 마음을 갖는 것이 좋다. 수년 동안 인텔 경영진은 메모리 제품 대량 생산이 학습에 도움된다는 점을 높이 평가했지만, 학습은 전체 생산량과 직접적으로 관련 없다는 사실을 깨달았다. 인텔 메모리 개발 그룹을 이끌던 선린 추Sunlin Chou는 "무차별적으로 양을 늘린다고 해서 더 빨리 학습하는 건 아닙니다. 웨이퍼를 검사하면서 학습해야 합니다. 살펴보고 분석한 웨이퍼 수와 수정 조치한 횟수가 누적되면서 학습 효과가 발생합니다. 1,000개의 웨이퍼를 처리했더라도 기술 학습은 분석한 10개 웨이퍼에서만 이루어질 수 있습니다."[6] 당시 부사장이었고 나중에 CEO가 된 크레이그 배럿Craig Barrett은 "학습하기 위해 반드시 물량을 늘리지 않아도 된다는 사실을 인텔은 늦게 깨달았습니다. 다른 방법으로도 얼마든지 배울 수 있습니다."[7]

학습 효과를 이용해 경쟁 기회를 잡으려면 다음 사항을 염두에 두자.

• **해당 산업에 진입한 지 오래되었다면 경쟁사가 함부로 시장에 진입하지 않을 것이다.** 그러나 들어온 지 얼마 되지 않았다면 경쟁업체는

더욱 공격적이 될 것이며 가능한 한 빨리 생산량을 늘리려 할 것이다.[8]

• **학습 효과는 중간 정도의 속도로 비용을 절감할 때 가장 강력하다.** 그림 14-2의 자동차 생산 사례처럼 비용이 매우 빠르게 감소하거나 매우 느리게 감소하는 경우 경쟁사보다 더 많이 생산한다고 해서 얻을 수 있는 이점은 거의 없다.[9]

• **동종 업계 기업들이 학습하는 것을 지켜보면서 따라잡기 위해 가격을 인하하고 싶은 유혹을 느낄 수 있다.** 하지만 기업은 자체 경험에서도 배우지만 다른 기업을 관찰하면서도 배울 수 있다.(당신 회사가 그랬던 것처럼 말이다.) 따라서 다른 기업에서 배우기 쉬울수록 계획된 가격 인하는 더욱 적정 수준에서만 이루어져야 한다.[10]

• **학습에도 단점이 있다.** 같은 프로세스를 여러 번 실행함으로써 이익

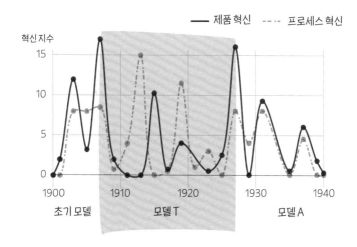

그림 14-3. 학습 효과가 혁신에 미치는 영향

을 얻을 수 있기 때문에 학습은 조직을 답습에 빠뜨리고 혁신을 저해할 수 있다. 포드의 모델 T가 좋은 예다. 이 회사는 더 낮은 비용으로 자동차를 생산하는 방법을 학습하는 과정에서 많은 프로세스를 새로 만들었다.(그림 14-3)[11] 시간이 지나면서 제품과 프로세스는 밀접하게 연결되었다. 포드의 정교한 생산 시스템 내에서 모델 T와 관련한 작은 변화라도 수많은 공정을 변경해야 했고, 이는 많은 비용이 들었다. 이러한 이유로 포드는 사소한 조정 작업에만 집중했다. 정말로 중요한 혁신은 모델 A를 출시하고 나서야 포드에 돌아왔다.

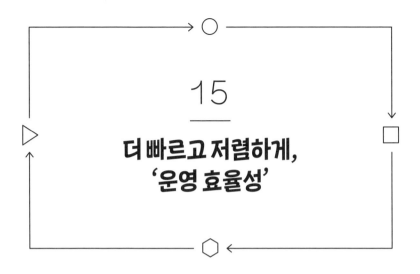

15

더 빠르고 저렴하게, '운영 효율성'

하버드대 경영대학원 경영학 교수 마이클 포터Michael Porter 는 운영 효율성operational effectiveness과 전략의 차이를 널리 알린 사람이다. 그는 지속적인 경쟁 우위를 부여하는 것은 전략적 행동이라고 설명한다. 하지만 운영 효율성은 기업 성공을 위해 중요하지만 그것만으로는 충분하지는 않다고 말한다.[1] 모든 기업은 운영 효율을 높이기 위해 노력한다. 하지만 그런 기법의 효과가 입증되면 모든 기업이 이를 따라 하기 때문에 지속적인 이점을 얻기는 어렵다. 하지만 전략적 움직임을 현명하게 이용하면 기업 간 차이를 만들어낼 수 있다. 운영 효율성에 대한 투자는 유사성을 강화할 뿐이다.(그림 15-1)

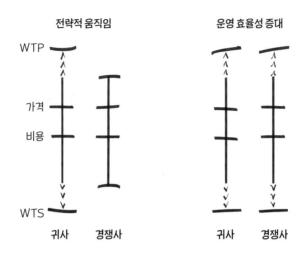

그림 15-1. 전략 대 운영 효율성

워런 버핏Warren Buffett은 퍼레이드에 관한 이야기로 포터 교수의 강력한 주장을 잘 설명한다. "한 관중이 더 잘 보려고 발끝으로 서 있다. 처음에는 효과가 있지만 다른 사람들이 모두 그렇게 하면 효과가 사라진다. 그러면 이제 까치발로 서지 않으면 아무것도 볼 수 없게 된다. 이제 까치발을 서도 아무런 이점이 없을 뿐 아니라 우리 모두는 처음보다 더욱 힘들어진다."[2]

버핏의 이야기에는 두 가지 가정이 있다. 첫 번째는 발끝으로 서는 것이 빠르게 확산되며 초기 이점은 금방 사라진다는 것이다. 두 번째는 발끝으로 서는 효과는 모든 사람에게 비슷하다는 점이다. 관중들은 모두 키가 몇 센티미터씩 더 커졌지만 모두가 까치발을 들면 키 차이는 거의 변화 없이 유지된다. 운영 효율성에 투자하는 것이 정말 까치발로 서는 것과 같을까? 우선 경영 관행이 확산되는 속도에 대해 알아보자.

관리 개선의 중요성

현대의 경영 관리 기법으로는 지속적인 생산성 우위를 확보할 수 없다는 견해가 유행했지만, 이는 결국 너무 단순한 논리로 밝혀졌다.[3] 10여년 전 스탠퍼드대 경제학과 니컬러스 블룸Nicholas Blomm 교수와 런던정경대 경제학과 존 반 리넨John Van Reenen 교수는 경영 관행 확산을 체계적으로 연구하기 위해 연구 그룹을 구성했다. 그들은 30개국 이상 기업에서 1만 2,000건 이상 인터뷰를 진행한 끝에 결론을 내렸다.[4] 이 그룹의 저명한 멤버인 동료 라파엘라 사둔Raffaella Sadun 교수는 핵심 결과를 이렇게 설명한다. "데이터를 살펴보면 핵심 경영 관행을 당연한 것으로 받아들여서는 안 된다는 것을 알 수 있습니다. 목표 설정 및 성과 추적 같은 기본적인 업무조차도 관리자가 얼마나 잘 실행하는지에 따라 엄청난 차이가 납니다. 그리고 이러한 차이가 중요한 이유는 관리가 잘되는 기업이 장기적으로 더 생산적이고 수익성이 높으며 더 빠른 속도로 성장하기 때문입니다."[5]

그림 15-2는 관리 품질에 따른 몇 가지 차이점을 보여준다.[6] 왼쪽 열은 기업이 정기적으로 성과를 추적하는지 여부를 1(KPI가 없는 기업)부터 5(KPI가 자주 측정되고 조직 전체에 잘 전달되는 기업)까지 표시한다.[7] 미국에서는 약 18% 기업이 5등급을 받았고 브라질에서는 5% 기업만이 여기에 속한다. 이러한 국가별 차이보다 더 흥미로운 점은 국가 간 편차가 크다는 점이다.[8] 독일에서는 KPI가 없는 기업이 2%에 불과하지만 44%가 3등급 이하로 평가되어 여전히 모범적인 성과 추적에 훨씬 못 미치는 것으로 나타났다. 그러나 독일 기업 18%는 업

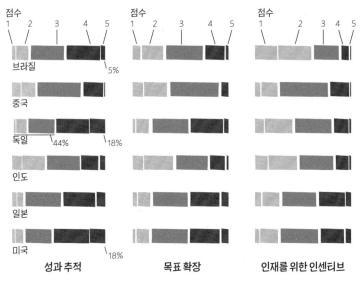

그림 15-2. 경영 기법 전파

계 최고 수준이다.

우수함과 평범함이 나란히 존재하는 이러한 패턴은 수십 개 경영 관행에서 반복된다. 그림 15-2에서 가운데 열은 목표 확장 정도를 보여주고, 오른쪽 열은 기업이 직원에게 동기를 부여하기 위해 평가와 인센티브를 사용하는 정도를 보여준다.* 결과는 항상 동일하다. 비슷한 경쟁 상황에서도 어떤 기업은 뛰어난 반면, 다른 기업은 중간 정도에 머물러 있다. 같은 회사에 속한 사업장 내에서도 현대적인 관리 관행 도입에 상당한 차이가 존재한다. 좋은 경영 관리 기법은 놔둔다고 자동적

---

* '목표 확장' 등급은 기업이 달성하기 어려운 적절한 수준의 확장성 있는 목표를 설정하는 정도를 측정한다. '인재를 위한 인센티브' 등급은 기업이 정기적으로 인재의 실적을 평가하고 금전 및 비금전 인센티브를 활용하여 높은 성과를 지원하는지 여부를 나타낸다. 전체 질문지 및 지표 세트는 https://worldmanagementsurvey.org/survey-data/methodology를 참조 바람.

으로, 그리고 빠르게 확산되지 않는다.

중요한 것은 과연 이러한 관행이 모든 곳에 적용될 수 있는지 여부다. 금전적 인센티브 효과가 업무 유형에 따라 달라질 수 있을까? 예를 들어 앵글로색슨 문화권에서는 금전적 인센티브가 더 폭넓게 받아들여질 수 있을까? 현대적 경영 관행을 도입했을 때 성과 결과가 회사마다 다르다는 것은 의심의 여지가 없다.[9] 그럼에도 더 나은 경영 효과는 너무 커서 외부 환경이나 회사 문화에 쉽게 휩쓸리지 않는다. 관리 수준이 최하위인 10% 기업을 최상위 10%로 끌어올리면 생산성이 75%나 증가한다.[10] 이러한 관리 개선 이점은 국가나 문화에 관계없이 놀라울 정도로 유사하다. 이런 규모의 생산성 증가를 보면 대다수 기업이 더 나은 관리 혜택을 누릴 수 있음을 알 수 있다.

핵심 관리 관행이 이토록 큰 성과를 가져다주는데 왜 그렇게 많은 기업이 이를 도입하지 않는지 궁금할 것이다. 여기에는 커다란 세 가지 장벽이 있는 것 같다.

• **회사 알기:** 관리자들은 자신이 일하는 회사의 경영 품질을 제대로 평가하지 못한다. 사둔 교수는 "각 기업과 나누는 대화 말미에 저는 항상 관리자들에게 회사가 얼마나 잘 관리되고 있는지 1점부터 10점까지 척도로 말해달라고 요청했습니다. 답변의 평균 점수는 10점 만점에 7점으로 상당히 높은 편이지만, 이는 실제 경영 품질과는 다릅니다. 경영진들은 자신의 관리 수준을 잘 모르는 경우가 많습니다."[11]라고 평가했다.
• **경영진의 참여:** 어떤 관리자는 공장을 직접 방문하고 직원 및 공급

업체와 일대일로 운영 업무를 처리하는 등 실무형 관리 스타일을 선호한다. 반면에 최고 경영진과 협업하는 데 중점을 두는 관리자도 있다. 어떤 스타일이 일반적으로 더 성과를 향상시킨다는 법칙은 없지만 실무형 관리자는 자신의 경영 기법이 프로세스 중심의 관리 기법을 대신할 수 있다고 잘못 생각할 수 있다. 그 결과 이런 경영진은 자동화된 성과 추적 또는 금전 인센티브 같은 가장 효과적인 도구를 도입하지 못하는 경우가 많다.[12]

- **전망 이해하기:** 기업이 필요한 투자를 결정하기 전 마지막 관문은 그것이 가져올 성과에 대한 가능성을 정확히 파악하는 것이다. 데이터에 따르면 대부분 기업에서 실제 업무를 개선하면 그 효과는 관리자가 생각하는 것보다 더 크다고 나타났다. 그 결과 관리가 제대로 이루어지지 않는 기업과 관리가 잘 이루어지는 기업 간 격차는 시간이 지남에 따라 더욱 커질 가능성이 높다. 예를 들어 인센티브를 믿지 않는 경영진은 인센티브를 도입하지 않을 가능성이 높기 때문에 검증된 관리 기법 도입을 장려하는 필수 수단을 경쟁사에 빼앗긴다.

운영 효율성을 추진한 인텔

퍼레이드를 보기 위해 발끝으로 서는 것은 모든 사람이 그 동작을 빠르게 모방할 뿐 아니라 모두가 같은 상황에 처하기 때문에 결국은 자멸 행위다. 그렇다면 운영 효율성에 투자하는 기업도 이러한 운명을 공유해서 결국 다른 기업과 같은 길을 가게 될까?

인텔의 사례는 매우 흥미롭다. 실리콘밸리 초창기 메모리 칩 생산의 선두 주자였던 인텔은 1980년대 중반이 되자 일본 경쟁사에 뒤처진다.[13] 일본 경영진은 1970년대에 종합 품질 관리 및 지속적인 개선 같은 프로세스를 개척하여 더 낮은 비용으로 더 높은 품질의 제품을 제공하며 인텔을 앞질렀다. 장비 가동률, 수율, 신뢰성, 전체 비용, 생산성 등 모든 제조 지표에서 인텔이 보여준 성과는 일본 경쟁업체에 비해 형편없었다. 당시 인텔의 제조 부문 최고 책임자였고 나중에 CEO가 된 크레이그 배럿Craig Barrett은 "우리는 도대체 감을 잡을 수가 없었습니다. 가격 경쟁력도 없고 제조 경쟁력도 없었습니다. 결국 다른 방식으로 일해야 한다는 것을 깨달았습니다."[14]

인텔은 1985년에 비용을 50% 절감하고 이듬해에는 50% 추가 절감을 목표로 세웠다. 이러한 야심찬 목표를 달성하기 위해 효율성이 가장 낮은 생산 시설을 폐쇄하고 5,000명에 가까운 직원을 해고했다. 회사에 남은 시설 관리자들에게는 일본 모델을 모방하여 제조 방식을 획기적으로 업그레이드하라는 지시가 떨어졌다. 아시아 경쟁사들과 마찬가지로 인텔은 모든 시설과 공급망에서 오염원을 제거하고, 생산 장비를 유지하고 관리하는 책임을 장비 공급업체에 넘겼으며, 반도체 제조시설('팹fab')을 자동화했다. 인텔은 운영 방식을 재편하는 데 거의 10년이 걸렸고 수십억 달러를 투자했다. 1990년대 초가 되자 인텔의 생산성은 1980년대 수준에서 4배로 증가했고, 가동률은 20%에서 60%로 급증했으며, 수율은 50%에서 80% 이상으로 향상되었다. 인텔은 고효율, 저비용 생산업체로 부상했다.[15]

인텔이 이룬 상당수 개혁은 발끝으로 서는 것과 비슷했다. 물론 비

효율적인 공장을 폐쇄하고 선진 제조 기술을 모방하면 회사의 재무성
과가 좋아진다. 하지만 포터 교수와 버핏이 강조하듯이 이러한 행동은
장기적으로 경쟁 우위 기업을 만들어주는 차별화를 창출하지는 못한
다.[16] 그러나 인텔이 일본 사례를 모방하는 것은 첫 번째 행동에 불과
했다. 인텔은 당시 유행하던 현대적인 경영 관행을 모방하기 시작했고,
그 과정에서 비용 절감, 속도 향상, 품질 향상을 위한 새로운 방법을 발
견했다.

인텔의 문제 중 하나는 개발자가 제조 라인에서 생산 직원과 함께
새로운 공정을 직접 개발하는 것이었다. 이러한 접근 방식은 개발에서
제조로 빠르게 전환할 수 있어 고용량 메모리칩을 가장 먼저 출시하기
위해 경쟁하는 인텔에는 매우 중요한 장점이었다.[17] 그러나 이런 식의
공동 개발 프로세스에는 심각한 단점도 있었다. 이러한 접근 방식은 활
용도 저하(개발팀과 생산팀이 자주 장비 사용 권한을 둘러싸고 경쟁)를
초래했고 생산량도 불규칙하고 예측하기 힘든 경우가 많았다.

인텔은 일본 경쟁사들과 수준을 맞추기 위해 개발과 생산을 분리하
기 시작했다. 예를 들어 1-마이크론 386 마이크로프로세서는 포틀랜
드 연구소에서 개발되었지만 앨버커키 공장에서 생산되었다.[18] 시간
이 지나면서 인텔은 개발에서 생산으로, 한 팹에서 다른 팹으로 기술을
이동하는 데 세계적인 수준에 도달했다.[19] 즉 품질 저하 없이 생산량을
늘리게 된 것이다. 인텔은 이 역량을 어떻게 활용했을까?

인텔은 판도를 바꾸는 두 가지 전략적 결정을 내렸다. 수익성이 낮
고 점유율이 미미했던 메모리칩 시장을 일본 경쟁업체에 양도한 것이
다. 초창기인 1980년대 중반까지만 해도 메모리 제품에서 속도는 거

의 중요하지 않았다. 대신 인텔은 뛰어난 설계 능력과 제조 능력이 결합되어 큰 가능성을 지닌 마이크로프로세서에 집중했다.[20] 고객들의 불신에도 인텔은 1985년 386을 시작으로 마이크로프로세서를 독점 공급single source하기로 결정했다.[21] 이는 반도체 업계에서 전례가 없는 일이었다. 기업들은 항상 경쟁사에 설계 라이선스를 제공하면서 수요를 충족시킬 수 있다고 고객들을 안심시켜 왔기 때문이다. 인텔이 자사 제품의 독점 공급원이 되기로 결정한 데에는 개선된 제조 관행이 결정적으로 작용했다. 배럿은 "인텔은 독점 공급을 실행할 수 있을 만큼 고객의 신뢰를 얻을 수 있는 지점에 도달했습니다. 1980년대 초 품질 추구로 인해 우리는 일관성 있는 제조 라인 개선과 전반적인 제품 품질 향상이라는 결실을 맺기 시작했습니다."라고 말했다.

운영 효율성을 추구함으로써 인텔은 결국 귀중한 전략적 기회를 얻게 되었고, 그중 하나가 바로 독점 공급이었다. 인텔은 이러한 측면에서 전형적인 사례다. 운영 효율성을 높이기 위한 프로그램은 종종 전략적 리뉴얼을 위한 토대를 제공한다.[22] 마치 퍼레이드가 시작되면 관중들이 발끝으로 일어나 새로운 것을 엿보는 것과 같다. 그들은 다른 관점을 얻었고, 이에 대응하여 입장을 바꾸기 시작했다. '정확히 복사하라!Copy EXACTLY'로 불린 인텔의 기술 이전 전략은 기업이 어느 정도 성장한 다음에는 조직과 문화에 상당한 변화가 필요했기 때문에 더 이상 따라 하기가 쉽지 않았다. '정확히 복사하기'를 통해 인텔의 생산 엔지니어들은 자율성을 상당 부분 잃었다. 인텔의 유진 마이어란Eugene Meieran은 다음과 같이 회상한다. "이는 엄청난 문화 충격이었습니다. 엔지니어들은 '나는 엔지니어로서 프로세스를 변경하고 싶습니다. 그런데 내가 왜 사소한 변경 사항도 고위 관리자 승인을 받아야 하는 이 관료주의적 관문을 통과해야 하나요?'라며 불평했습니다."[23] 당연히 일부 엔지니어는 너무나 힘들어하며 인텔을 떠났다.[24]

물론 조직이 운영 효율성에 투자하면서 경쟁사와 똑같은 일련의 활동을 수행할 수도 있지만 그럴 가능성은 사실 거의 없다. 두 기업이 동일한 경영 접근 방식(지속적인 개선 또는 고강도 인센티브)을 채택하더라도 실행 방식은 다르며 WTP를 높이거나 WTS를 낮추는 다른 방법을 찾을 것이다. 결과적으로 운영 효율성은 전략적 리뉴얼을 위한 강력한 발판이 될 수 있다.

기업 간 생산성 차이를 설명하는 데 운영 효율성이 어떤 역할을 하는지 생각해 보면 아래와 같은 몇 가지 인사이트를 얻을 수 있었다.

- **우수한 경영 관행과 운영 효율성은 기업 간 의미 있는 차별화를 만들어내는 데 도움이 된다.** 이러한 특징은 달성하기도 어렵고 천천히 확산되지만 장기적으로 경쟁 우위에 서는 기반이 될 수 있다.
- **인텔의 경우에서 알 수 있듯이 운영 효율성과 전략은 서로 밀접하게 연관된다.** 그러므로 이 둘을 구분하려고 노력할 필요가 없다. 단순히 운영 효율성에 대한 투자로 보인다는 이유로 어떤 행동을 무시해서는 안 된다. 오히려 전략적 쇄신을 위한 촉매제가 될 수도 있다.
- **단순히 어떤 프로젝트가 '전략'에 속하는지, 아니면 '운영 효율성'에 속하는지 묻기보다는 어떻게 하면 이 프로젝트를 이용해 WTP를 높이거나 WTS를 낮출 수 있는지 고민하라.** 어떤 계획이 성공적으로 실행되면 경쟁업체가 이를 모방하는 게 얼마나 쉬울까? 프로젝트

가 영리한 전략적 움직임이든 운영 효율성을 개선하기 위한 시도든 모방하기 어려운 프로젝트라면 회사 경쟁력을 향상시키고 수익성을 높일 수 있다.

• **경영 품질이 향상되면 상당한 가치를 창출할 수 있다.** 그러나 아무리 실행을 잘해도 올바른 전략을 대신할 수 없다는 점을 기억해야 한다. '실행이 항상 전략을 이긴다'거나 '기업 문화는 전략을 아침밥으로 먹는다'와 같은 격언은 말도 안 되는 소리다. WTP나 WTS를 변화시키지 않는 계획은 아무리 완벽하게 행동에 옮겨도 가치 창출에 실패하게 마련이다.